Johann Tobias Beck

Kirche und Staat und ihr Verhältniß zu einander

Johann Tobias Beck

Kirche und Staat und ihr Verhältniß zu einander

ISBN/EAN: 9783743490482

Hergestellt in Europa, USA, Kanada, Australien, Japan

Cover: Foto ©Lupo / pixelio.de

Manufactured and distributed by brebook publishing software (www.brebook.com)

Johann Tobias Beck

Kirche und Staat und ihr Verhältniß zu einander

Kirche und Staat

und

ihr Verhältniß zu einander.

Nach den Vorlesungen des

Dr. J. T. Beck,
e. Prof. der Theologie in Tübingen,

mit dessen Ermächtigung herausgegeben

von

Jul. Lindenmeyer,
Pfarrer.

Tübingen, 1870.
Verlag der Osiander'schen Buchhandlung.

Druck von H. Laupp in Tübingen.

Vorwort des Herausgebers.

Nachstehende Ausführungen sind den ethischen Vorlesungen Dr. Beck's mit dessen Erlaubniß entnommen. Sachlich habe ich nichts geändert, formell Mehreres. Insbesondere für die Gruppirung des Stoffes muß ich die Verantwortlichkeit auf mich nehmen. Im Uebrigen bin ich mir bewußt, mit dieser Schrift über eine der wichtigsten Fragen der Gegenwart einem Manne das Wort zu vermitteln, dessen Untersuchungen vermöge des allzeit offenen Ohres, das er dem Geist und Wort des Urchristenthums in den biblischen Urkunden leiht, unparteiisch und vorurtheilsfrei sind. Die Ereignisse werden zwar ihren traurigen und verhängnißvollen Gang gehen (Matth. 18, 7. 2 Thess. 2, 3 f.), aber den einzelnen Wahrheitsliebenden thut es Noth zu der

Klarheit, und dem unterscheidungssicheren Durchblick zu verhelfen, ohne welchen Mannesmuth u. b Christenhoffnung sich nicht werden behaupten können.

Schluchtern bei Heilbronn den 13. März 1870.

J. Lindenmeyer.

Vorbemerkung.

Der Name „Kirche", dessen Wortbildung immer noch unsicher ist, und auch nichts entscheidet, ist nicht biblischen Ursprungs, sondern gehört einer historischen Entwicklung an, wo die Christen sich als Religionsgesellschaft politisch formirt hatten. Wir bedienen uns deßhalb des Namens Kirche vornehmlich nur da, wo es sich um die christliche Gesellschaft als Körperschaft im Staate handelt, oder um Berichtigungen der unter dem Namen Kirche eingeschlichenen falschen Begriffe. Im Uebrigen führt nämlich der Name Kirche schon an sich allerlei Unstatthaftigkeiten mit sich. Bald sagt man in abstracter Allgemeinheit „die Kirche", und redet davon, als wäre dieser abgezogene Begriff eine wirkliche Existenz. In der Wirklichkeit aber existirt nur eine Mehrheit von Einzel-Kirchen, die noch dazu unter sich in Widerspruch sind; die Kirche ist ein bloßer Sammelbegriff ohne diesseitige Existenz, eine Idee ohne Wirklichkeit. Indem man nun diesem Sammelbegriff allerlei hohe Namen und Eigenschaften beilegt, hat man damit immer nur eine unlebendige Idee betitelt. Dieses verdeckt man jedoch sich und Anderen wieder, indem man das, was von der bloßen Idee gilt, irgend einer der vorhandenen Einzelkirchen beilegt, vor Allem der eigenen. Jedem Theile ist seine Kirche auch selbstverständlich d i e Kirche. Solche unlogische unwahre Verwechselung des Vorhandenen mit der Idee erlaubt man sich aber wohlgemerkt nur da, wo es sich für eine bestimmte Kirche um Verheißungen, Rechte und Güter handelt. Handelt es sich dagegen bei d e r s e l b e n um Anforderungen und Pflichten, wie sie eben in der Idee d e r Kirche liegen, so will man seine Kirche damit entbinden, daß sie nur empirische Kirche, nicht aber die Kirche sei, der Maßstab der idealen Kirche nicht an sie anzulegen sei. So werden unter dem Namen Kirche Begriff und Wirklichkeit, Idee und Erscheinung aufs Willkürlichste ineinander verschoben. Solcher Verwirrungen und Verirrungen giebt es noch mehrere. Man fragt, w a s ist Kirche, und erhält entweder einen abgezogenen Begriff, oder diejenige Bezeichnung, welche man vornherein als für die eigene Kirche passend erachtete. Ebenso stellt man die Frage auf, w e l c h e s ist die wahre Kirche, während gegenüber den verschiedenen Einzelkirchen vor Allem die Frage am Platz wäre, w a s ist w a h r e Kirche. Ferner, um eine Einzelkirche als wahre Kirche zu sichern, gebraucht man den Ausdruck Kirche auch in der Art abstract, daß man sich stellt als bestände die Kirche nicht vor Allem aus bestimmten Personen, und einem bestimmten unterscheidenden Charakter dieser Personen, sondern als eine selbständige Anstalt aus Einrichtungen, Handlungen, Formularen, Symbolen u. dgl. Da findet dann abermals die Verschiebung statt, daß diese Dinge die Personen sollen zu einer wahren Kirche stempeln, daß das Unlebendige das Lebendige magisch heiligen soll, während gerade im Gegentheil die Personen bei einem widersprechenden Charakter, bei einem persönlichen Gegensatz gegen die Wahrheit die Einrichtungen und Handlungen unwahr machen. Dies sind Sünden gegen die einfachsten Gesetze der logischen und sittlichen Wahrheit.

Endlich ist es ein merkwürdiger Contrast, daß die neuere Theologie einerseits ihren Ruhm, ja ihre Gewissenhaftigkeit darein setzt, entdeckt zu haben, die heilige Schrift sei nicht das Wort Gottes, sondern das Wort Gottes sei nur in der heiligen Schrift enthalten, sei aus derselben erst hervorzusuchen und abzugränzen. Dagegen soll andererseits die wahre Gemeinde oder Kirche nicht nur innerhalb der äußeren (empirischen) Kirche sich vorfinden, sondern diese soll selbst die wahre Kirche sein, und deren Autorität haben. Dies erst zu untersuchen und in Frage zu stellen, soll subjective Anmaßung sein, dagegen den Umfang des Kanon, die Inspiration u. s. w. immer neu in Frage zu stellen, soll die verdienstlichste Arbeit sein. Und welches von Beiden bietet mehr Ungöttliches und Unchristliches dar, die h. Schrift, bei der man nicht fertig werden will Kritik zu üben, oder die äußere Kirche, die man so unkritisch will verehrt haben?! Welche von beiden trägt schon für die nächste Beobachtung mehr göttliches oder mehr menschliches Gepräge, das Gepräge heiliger Scheidung oder unheiliger Vermischung? Wo ist gerade menschlichen Einflüssen, Blendwerken und Verwirrungen, Thorheiten und Gewaltthätigkeiten, weltlichem Egoismus und Korporationsgeist am meisten Spielraum und Autorität eingeräumt, in der Schrift oder in der Kirche? Und doch getraut man sich eher zu glauben und zu lehren, die Kirche mit all' ihrem Mischlingswesen sei die wahre Christusgemeinde, als die h. Schrift sei Gottes wahres Wort. Die

h. Schrift, die so bestimmt in sich von aller sonstigen Literatur sich unterscheidet, soll das unbestimmteste Object und ein vages Exercierfeld der Kritik sein, dagegen die Kirche, dieses unbestimmteste Subject soll das entscheidende Orakel sein. Solche Contraste verrathen den Geist.

Die christliche Gemeinde und Kirche.

Das, was die Gemeinde Christi nach ihrer ursprünglichen Idee ist und sein soll, oder der eigenthümliche Begriff einer christl. Kirche, gehört zu den Originalien des neuen Testamentes. Er ist weder als Ideal irgend wo vom natürlichen Menschengeist erfaßt worden, noch bietet die Geschichte außerhalb des Christenthums etwas Aehnliches dar. Nur eine Analogie bietet sich dar, in dem alttestamentlichen Bunde, also auf dem Boden der Offenbarung. Wohl finden wir sonst religiöse Gesellschaften, äußerliche Vereinigungen größerer oder kleinerer Massen in einer gemeinschaftlichen Religionsform und zu religiösen Zwecken; aber Wort und Begriff Kirche ist auf dem allgemeinen Religionsgebiet so wenig entstanden und einheimisch, als das Christenthum selbst. So wenig sich dieses, wie Manche annehmen, blos als höhere Stufe aus dem Allgemeinen oder dem Besonderen der verschiedenen Religionen hervorbildete, so wenig hat sich die Kirche aus dem Gesellschaftsbegriff jener entwickelt. Die Einreihung von Christenthum und christlicher Kirche in einen allgemeinen Begriff von Religion und Kirche, von welchen sie blos stufenmäßig sich abhöben, ist eine ebenso ungeschichtliche als unbiblische Abstraction. Nicht durch stufenmäßigen

Aufbau, sondern durch einen ausgeprägten Gegensatz unterscheiden sich Christenthum und Kirche von aller sonstigen Religion und Religionsgesellschaft. Sie wurzeln nicht in der Gattungseinheit menschlicher Religionshoffnungen, sondern, wie wir finden werden, in der Einzigkeit göttlicher Offenbarung. Es ist überdieß ein Fehler, wenn man den Begriff der christlichen Gemeinde oder Kirche dadurch gewinnen will, daß man von der Gesellschaftsform ausgeht. Die Christen hatten sich noch nicht in selbstständiger körperschaftlicher Form vom Judenthum abgesondert, hatten so wenig sich kirchlich formirt, daß sie noch mit den Juden den Tempel zum gemeinschaftlichen Mittelpunkt hatten, und doch heißen sie schon ἐκκλησία (Gemeinde) und zwar im ausschließlichen Sinne, im Gegensatz zum Judenthum oder zur damals bestehenden Kirche. Umgekehrt wird bald schon in den Briefen der Apostel vor Leuten, die in aller Form der christlichen Religionsgesellschaft angehörige Glieder sind, gewarnt, so daß sie als „Gewisse" [1]) der „Gemeinde" (ἐκκλησία) gegenübergestellt werden, und ihre Trennung, oder Nichtanerkennung als Gemeindeglieder verlangt wird. **Mit dem Gesellschaftsbegriff deckt sich also keineswegs der Gemeindebegriff**, und jener ist auch nicht bestimmend für diesen [2]).

1) τινές.
2) Vgl. 1 Timoth. 1, 3—6, 19 f. 1 Kor. 5, 1—13. 2 Korinth. 6, 14—18. 2 Timoth. 2, 19—21. Luk. 13, 25 ff. Matth. 7, 22 f. 25, 1—12. Dieses „ich kenne euch nicht" aus dem Munde Christi als des Weltrichters scheidet bis in die Zahl der 10 Jungfrauen, welche im Gleichnisse die Gemeinde der Endzeit darstellen. Also nicht alle Getauften oder Kirchengenossen sind Glieder am Leibe Christi, Glieder der leibhaften Gemeinde, und als solche von ihm anerkannt.

Begriff und Voraussetzung der christlichen Gemeinde.

Es wird der Gemeindebegriff im neuen Testamente und entsprechend im alten wesentlich von zwei eigenthümlichen Grundbegriffen aus bestimmt. Einmal [1]) von dem eigenthümlichen Begriffe des **Reiches Gottes** aus, dessen **gliedliches** Werkzeug die Gemeinde ist, und dieses Reich wird von der Welt und ihren Religionsgesellschaften nicht nur unterschieden, sondern ihnen entgegengesetzt. Es ist das Gottesreich, und jene sind die Weltreiche. Hernach [2]) wird der Gemeindebegriff bestimmt durch den ebenso eigenthümlichen Begriff von **Kindern Gottes** wieder im Gegensatz zur ganzen übrigen Welt und ihren Religionsgenossenschaften. Durch diese Verbindung mit dem Begriff des Reiches Gottes und der Kindschaft Gottes, oder sagen wir für einmal einer näheren Gottesverwandtschaft tritt die Gemeinde Christi in eine ganz andere Reihe von Begriffen, Thatsachen und Principien ein, als sie in der Welt, ihren Religionen und Religionsgesellschaften sich darbieten. Dies wird sich uns näher zeigen, wenn wir die geschichtliche Entwicklung des Gemeindebegriffs näher ins Auge fassen.

Die christliche Gemeinde lehnt sich an an die alttestamentliche. Diese wird bezeichnet als **berufene Gemeinde, Versammlung Gottes** [3]). Diesen Namen trägt schon

---

1) In objectiver Beziehung.
2) In subjectiver Beziehung.
3) Die im A. Testamente vorkommenden Namen sind מִקְרָא, עֵדָה—יָחִיד. קָהָל. was die LXX theils mit ἐκκλησία, theils mit συναγωγή übersetzen.

die alttestamentliche Gemeinde Gottes nicht als blos natürlicher Volksverband, oder willkürlicher Staatsverband, sondern als **eine von Gott selbst aus der Menschheit zum Eigenthum erwählte und erworbene Volksgemeinde.** Vgl. 5 Mose 7, 6 f.; 14, 2. Psalm, 74, 2. Beide Gemeinden, die alttestamentliche wie die neutestamentliche verdanken ihre Entstehung einer Gottesthat, sie sind **eine göttliche Schöpfung,** kein menschliches Werk. Die christliche Gemeinde im Besonderen führt ihre Stiftung zurück nicht auf den Plan eines menschlichen Religionsstifters, oder auf eine politische Macht, sondern auf den höchsten Geistesgedanken, auf den göttlichen Erlösungsplan, sowie auf die höchste aller Welt unmögliche That, auf die göttliche Weltversöhnung, und die Geistesausgießung durch den menschgewordenen Sohn Gottes. Hiedurch ist die göttliche Erwerbung und die Gottangehörigkeit, die wir schon in der alttestamentlichen Gemeinde finden, zu ihrer Vollendung gebracht. Die Gottesverwandtschaft besteht jetzt in einer bewußten Lebensgemeinschaft mit Christus, dem Sohn, und durch ihn mit dem Vater, in einer wesenhaften Gotteskindschaft. Und die Zusammengehörigkeit der Gemeindeglieder ist begründet durch eine Gemeinschaft des Geistes, statt des bloßen Gesetzes, wie es im alten Bunde war. Endlich der ebenfalls beiden Gemeinden gemeinsame Begriff der **Auswahl** beschränkt sich bei der neuen Gemeinde nicht mehr auf ein äußerlich abgeschlossenes Werk, sondern vollzieht sich innerhalb der ganzen Völkerwelt [1]).

---

1) Vgl. J. T. Beck, Propädeutik §. 52. Vgl. auch J. Lindenmeyer, das göttliche Reich als Weltreich, Tübingen bei Osiander. 1869. S. 76 f.

Finden wir demnach, daß die chriſtliche Gemeinde das geiſtige Erbe jener Grundbegriffe [1]), wie ſie im altteſtamentlichen Gottesvolke angelegt waren, angetreten hat, und ſolche in ihr zur Verwirklichung gebracht ſind, ſo darf uns ebenſo wenig entgehen, daß die neuteſtamentliche Gemeinde die Form ihrer äußeren Vereinigung dem altteſtamentlichen Gemeindeverband nicht entlehnt hat. Denn ſie ſchließt ſich nicht an den eigenthümlichen altteſtamentlichen Tempelkultus an [2]), ſondern an die Synagogenform des Judenthums. Der Ausdruck Synagoge von den jüdiſchen Bethäuſern und den Verſammlungen darin gebraucht, findet ſich Jak. 2, 2 auf die chriſtliche Gemeinde übertragen, und beſtimmter wird Ebr. 10, 25 die chriſtliche als neben der jüdiſchen Synagoge beſtehend die beſondere eigene Verſammlung genannt [3]), die über der hergebrachten jüdiſchen von Einigen verſäumt wurde. Vom Judenthum ſelbſt, das die Bezeichnung Synagoge für ſich ausſchließlich in Anſpruch nimmt, wird die chriſtliche Gemeinde als $\dot{\alpha}\pi o\sigma\upsilon\nu\alpha\gamma\omega\gamma o\varsigma$ behandelt, als Separation [4]) oder Secte [5]). Sie ſelbſt unterſcheidet ſich von der Synagoge eben als $\dot{\epsilon}\kappa\kappa\lambda\eta\sigma\iota\alpha$, $\dot{\epsilon}\kappa\kappa\lambda\eta\sigma\iota\alpha$ $\vartheta\epsilon o\upsilon$, Gemeinde Gottes. (1 Kor. 1, 2; 10, 32. 1 Tim. 3, 15.) Eine Anerkennung als politiſch abgeſchloſſene Korporation nimmt ſie dagegen nicht in Anſpruch, ſondern

---

1) Vgl. Lindenmeyer a. a. Ort S. 182 ff., 230 f.
2) Die Vollendung des altteſtamentlichen Tempels iſt der Zeit der zukünftigen Erſcheinung Chriſti vorbehalten, und für jetzt hat der Tempelbegriff in der chriſtlichen Gemeinde nur geiſtige Bedeutung. Eph. 2, 22. 1 Petr. 2, 5. Hebr. 13, 10. V. 13—15.
3) $\dot{\eta}$ $\dot{\epsilon}\alpha\upsilon\tau\omega\nu$ $\dot{\epsilon}\pi\iota\sigma\upsilon\nu\alpha\gamma\omega\gamma\eta$.
4) Joh. 16, 2.
5) $\alpha\iota\rho\epsilon\sigma\iota\varsigma$ Ap. Geſch. 24, 5, 14; 28, 22.

sie stellt sogar die Jhrigen als **Beisassen**, als **Diaspora** in der ganzen Welt auf [1]). Die Vollendung nämlich der politischen Korporationsform der Theokratie, und der hierarchischen Korporation, oder des Tempels ist für die zukünftige Aera vorbehalten, wo die Christokratie als sichtbare Weltregierung hervortritt, und das Christenthum Weltreligion wird mit eigenthümlichen Königen und Priestern.

Was nun den Namen $\dot{\varepsilon}\varkappa\varkappa\lambda\eta\sigma\iota\alpha$ (berufene Gemeinde) betrifft, so wird derselbe im neuen Testamente vom Ganzen, wie von den einzelnen Ortsgemeinden als Gliedern des Ganzen gebraucht [2]), und im allgemeinen griechischen Sprachgebrauche von jeder politischen, oder gottesdienstlichen Versammlung [3]).

Schon Jesus selbst braucht das Wort Matth. 16, 18 und 18, 17 prophetisch für die von ihm zu gründende Gemeinschaft. Es sind dort nach dem Zusammenhange darunter zu verstehen **die Genossen des Himmelreiches, wie sie auf den Glauben an Christus als den Sohn des lebendigen Gottes erbaut werden, und in seinem Namen vereinigt sind** [4]). Als verwirklichte Erscheinung tritt die Gemeinde zum ersten Male auf Ap. Gesch. 2, 47, also nach der Ausgießung des h. Geistes und der ersten Predigt des Apostel Petrus. Das **göttliche Herberufen** hat dort durch das Aufrufen der zusammengeströmten Menge, das in der Rede des Apostels

---

1) Vgl. 1 Petr. 1, 1; 2, 11. Jak. 1, 1. Ebr. 13, 13 f. Phil. 3, 20; Ebr. 11, 22 ff.

2) 1 Kor. 1, 2. Ephes. 1, 22.

3) Ap. Gesch. 19, 39 f.

4) Vgl. das $\pi\varrho o\varsigma\varkappa\alpha\lambda\varepsilon\iota\sigma\vartheta\alpha\iota$ V. 39, $\pi\alpha\varrho\alpha\varkappa\alpha\lambda\varepsilon\iota\nu$ V. 40, $\dot{\varepsilon}\pi\iota\varkappa\alpha\lambda\varepsilon\iota\sigma\vartheta\alpha\iota$ V. 21 mit $\dot{\varepsilon}\varkappa\varkappa\lambda\eta\sigma\iota\alpha$ V. 47.

geschah, bei denen, die durch den Lehrvortrag sich überzeugen ließen, die beabsichtigte Folge gehabt, die Abscheidung von der Masse, und in der Taufe den Uebertritt zum neueröffneten Heilshaushalt; die Vermittlung aber bildet ihre **Anrufung Christi als des Herrn**, wodurch die göttliche Rettung oder Beseligung innerliche Wahrheit wird. **Wo solche göttliche Wirksamkeit, vom Menschen freiwillig aufgenommen, eine innere Umänderung und äußere geistige Abscheidung zur Folge hat**, ist der Begriff der **berufenen** christlichen Gemeinde nach Wortlaut und geschichtlicher Entstehung gegeben, nicht aber durch das bloße Anhören des Wortes und äußere Taufgemeinschaft.

Die christliche Gemeinde erscheint so in ihrer Bildung weder blos als göttliche Institution oder Anstalt, noch als blos menschliche Gesellschaft, sondern Göttliches und Menschliches tritt in Beziehung zueinander. Das göttliche Heil vermittelt sich geistig den Menschen im Wort, und findet gläubige Aufnahme als Vorbedingung der Taufe; und so ist und heißt die Gemeinde auch **die Menge der Gläubigen** (Apostelgesch. 4, 32.).

Es versteht sich, daß alle diese Worte und Beziehungen ihren eigenthümlichen Inhalt an dem **historischen Christus** haben. Jesus als der Christ und Herr ist die **geschichtliche Grundvoraussetzung der christlichen Gemeinde**. (Apostelgesch. 2, 36, 38, 41.) Christus ist dieses eben nicht als bloßes Spiegelbild des christl. Bewußtseins, oder als Erzeugniß desselben. Das christliche Bewußtsein entsteht ja selbst in der Welt erst mit dem geschichtlichen Jesus. Denn das allgemein Messianische des

Judenthums macht noch nicht das specifisch christliche Bewußtsein des neuen Testamentes. Letzteres weiß sich selbst nur durch das gesetzt, was ganz abweichend von den messianischen Zeitbegriffen, Volksvorstellungen und -Erwartungen der in Jesus erschienene Christus gewesen ist, gethan und gelitten hat, kurz durch Jesu eigenthümliche Persönlichkeit und Geschichte. Auf der anderen Seite dürfen wir auch nicht übersehen, daß eine Gemeinde Christi nicht damit schon vorhanden ist, daß Jesus seine persönliche Wirksamkeit entfaltet, auch noch nicht damit, daß er einen Volksanhang hat. Auch selbst damit ist die Gemeinde noch nicht gegeben, daß sich um Jesus ein selbstständiger Schülerkreis gebildet hat, der sich zu ihm als dem Sohne Gottes bekennt. Christus selbst betrachtet zu dieser Zeit die Stiftung seiner Gemeinde noch als zukünftig [1]. Und es findet die Stiftung erst statt, nachdem Jesu eigene Christusperſönlichkeit und Christuswirksamkeit sich **abgeschlossen** hat in der Versöhnung der Welt und in der Ausgießung des h. Geistes, und hieraus das altprophetische Wort Gottes eben seinem Geiste nach, nicht blos seinem Buchstaben nach, sich erschlossen hat zu einem neuen Geisteswort, dem apostolischen [2]. Christus mußte die seiner Person eigenthümliche Heilsaufgabe in

---

[1] Matth. 16, 18 οἰκοδομήσω μου την ἐκκλησιαν.

[2] So wenig Jesus und die apostolische Verkündigung von ihm den jüdischen Messiaserwartungen und Zeitvorstellungen entsprach, so sehr erweist sich andererseits das apostolische Wort, indem es thatsächlich als Amt (Dienst) der Versöhnung und des Geistes wirkt, als die Erfüllung des alt-prophetischen Gotteswortes. Vgl. Luk. 24, 44—49 mit Apostelgesch. 2, 16 ff., V. 32 f., V. 36—38. Vgl. 2 Kor. 5, 18—20 mit 3, 6, 8 f. Vgl. Ephes. 2, 13—22.

Werk, Wort und Geist vollzogen haben, daß sie als die Eine in die Welt herausgesetzte göttliche Heilsthatsache dastand. Und die göttliche Berufung in ihrer aus dem Weltgeschlecht heraussondernden, mit Gott in Christo vereinigenden Kraft mußte durch das apostolische Wort in den einzelnen Gläubigen Aufnahme gewonnen haben. Erst damit tritt die Gemeinde in die Wirklichkeit. Nach dieser ihrer geschichtlichen Entstehung erscheint die christl. Gottesgemeinde kurzgesagt als die Gesammtheit derer, die durch die gläubige Aneignung des göttlichen Versöhnungswortes in die Gemeinschaft des Heiles und Geistes Christi aufgenommen worden sind. (Vgl. Eph. 1, 13.). Ein anderes ist aber

Die Keimbildung der christl. Gemeinde.

Die Keimbildung der christl. Gemeinde geht der Geburt der christl. Gemeinde und so auch den vorhin bezeichneten Entwicklungsmomenten voran. Die Bedeutung solcher Keimbildung erhellt sofort, sobald man weiß, daß die christl. Gemeinde nicht blos auf einer göttlichen Stiftungsgrundlage beruht, sondern zugleich auf einer menschlichen Glaubensgrundlage. Für den Gemeindezweck bedarf es daher außer den objectiven Gottesthaten noch der Pflanzung und Entwicklung eines Glaubensstandes in den Subjecten, welcher eben diesen Heilsthatsachen und -Kräften entspricht. Dies geschieht in einer Glaubensschule durch das Jüngerbilden ($\mu\alpha\vartheta\eta\tau\varepsilon\upsilon\varepsilon\iota\nu$). Wie dieses der Herr selbst zu seinem Geschäft gemacht hat, so hat er es auch ausdrücklich

seinen Aposteln befohlen [1]). Gerade ein solcher Anfangs=
unterricht oder der Vortrag der Buß= und Glaubenselemente
mit einschneidendem Ernste und bündiger Kraft war der
Probirstein, mit welchem diejenigen, die für die christliche
Gemeinschaft schon vorbereitet oder empfänglich waren, heraus=
gefunden wurden aus dem Haufen der noch Unvorbereiteten
und Unfähigen. Daß Jesus der Erbauung seiner Gemeinde
zunächst vorarbeitete, indem er, wie sein eigener Ausdruck es
besagt, Lehrjünger ($\mu\alpha\vartheta\eta\tau\alpha\iota$) vorsichtig sammelte, sichtete
und bildete, ist unzweifelhaft. Bei dem nachfolgenden mehr
summarischen Verfahren der Apostel aber ist nicht zu über=
sehen, daß demselben in Judäa eben die grundlegende Arbeit
des Herrn vorausgieng [2]), und im Weiteren, daß die von
ihnen gestifteten Gemeinden zunächst beginnen als **Jünger**=
vereine, in welchen der Gemeindeorganismus selbst erst
ausgebildet wird. Eben die Darstellung der **apostolischen**
Missionsarbeit, die Apostelgeschichte gebraucht den obenerwähn=
ten Ausdruck „Jünger" häufiger, als den „Gemeinde."
Erst das weitere Lehren und das Bleiben der Gemeinde in
der Lehre der Apostel [3]) führte in das eigentliche Gemeinde=
leben hinein. Mit den schon ausgebildeten Gemeinden, die
aber immer noch Jünger an sich zogen, und in ihrem
Schooße ausbildeten, haben es dann die Briefe zu thun.
Daher erklärt sich einestheils ihre Darstellung von den hohen
Vorrechten der Gemeinde, anderentheils ihre Verwahrungen.
und Verwarnungen gegen Auswüchse und Mischungen, wie

---

[1] Matth. 28, 18. Marc. 16, 15. Luc. 24, 47.
[2] Joh. 4, 38.
[3] Apostelgesch. 2, 42.

sie den in den Gemeinden vorhandenen Jüngern noch an=
kleben; daher auch ihre Unterscheidung zwischen Starken und
Schwachen, zwischen Unmündigen und Vollen (τελειοι),
Fleischlichen und Geistlichen. Im Ganzen jedoch waren
Alle durch Buße und Glauben, d. h. durch persönliche Be=
kehrung von der Welt ausgegangen, und in den Weg Christi
eingegangen. Bei welchen es aber im weiteren Verlaufe
sich anders herausstellte, die unterlagen der geistigen Zucht,
oder, wenn diese nicht anschlug, der Ausschließung. Die
Anschauung nämlich, welche das Christenthum von dem Boden,
auf welchem es sein Werk zu betreiben hat, also von Menschen=
natur und Welt im Allgemeinen, nicht etwa blos in Bezug
auf die damalige Zeit, aufstellt, ist die, daß der Natur=
boden verdorben und die Gesellschaft sittlich und religiös
entartet sei. Die Aufgabe ist demnach von vornherein die,
abzulösen von dem Verderblichen in den Natur= und Gesell=
schaftsbeziehungen auf dem Wege sittlich=religiöser Umbildung.
Diese hebt an mit der Sinnesänderung, welche Selbst=
und Weltverläugnung, Abkehr von Selbst= und Weltsucht
ebenso zur unmittelbaren Folge hat, wie sie neue Beziehungen
zu Gott und Christus begründet. Daher kann schon der
Jüngerbildung, oder der Schule Christi eine blos äußere
Vereinigung in einer besonderen Gesellschafts= und Kultus=
form nicht genügen, sondern die Schule Christi erfor=
dert geistige, namentlich sittliche Bearbeitung
und Erziehung. Ihr wesentliches Bildungsmittel ist
deßwegen Lehre, eine Lehre, die die allgemeinsten Wahr=
heiten vom Weltverderben und vom göttlichen Reich zur
Unterlage hat, sich aber immer näher zusammenfaßt auf die
Hervorhebung der Person Christi und seines Heilswerkes,

um einen persönlichen Glauben an ihn als das persönliche Heil, als den Heiland zu begründen. Das vorbereitende Elementarbuch hiebei oder der göttliche Katechismus, von welchem aus das apostolische Wort wie Jesu Wort in die christliche Wahrheit einführt, ist die h. Schrift alten Testamentes, in welches deßhalb Juden wie Heiden eingewiesen wurden¹). Sinnesänderung und Christusglaube sind die Bildungsziele, auf welche in einem festgeordneten Lehrgang, der erziehend, nicht doctrinär und scholastisch, sondern pädagogisch angelegt ist, hingeführt wird.

Sofern nun der Gemeindeverband auf der Jüngerschaft beruht, und das Bildungsmittel hiefür ein lehrhaftes und erzieherisches ist, bestimmt sich hienach auch die Methode des Verfahrens für Gemeindestiftung überall und immer. Das ganz bestimmte Verfahren des Herrn und seiner Apostel ist und bleibt maßgebend. Nicht revolutionär wird die bestehende Religionsform und die politische Verfassungsform angegriffen, wie dies sectirerische oder mit dem Bestehenden zerfallene kirchliche Richtungen gerne thun, überhaupt wird nicht auf eine äußerliche Umwälzung der bestehenden Verhältnisse hingearbeitet, auch nicht auf eine äußerliche Separation der gewonnenen Anhänger und Schüler durch Austreten aus ihrem bisherigen Verbande. Ebensowenig aber wird andererseits conservativ oder restaurirend gewirkt. Es wird nicht gekämpft für die Aufrechterhaltung des einmal Bestehenden in seiner zeitlichen oder räumlichen Beschränktheit, Unvollkommenheit und Schwäche. Noch

---

1) Röm. 1, 1 f. 1 Kor. 15, 1 ff. 2 Tim. 3, 14 ff. 1 Petr. 1, 19.

weniger wird irgend welchem inneren und äußeren Unfug um der conservativen Interessen willen Vorschub geleistet, sondern die göttliche Reichslehre mit ihrer innerlich freimachenden und umwandelnden Wahrheit, aber auch mit ihrer höheren Gesetzesschärfe, mit ihrem Ernst der Buße, und mit ihrer Seligkeit und Fruchtbarkeit des Glaubens wird immer voller und bestimmter geltend gemacht. Dabei tritt freilich auch geradezu der moralische Gegensatz zum Bestehenden in Lehre und Leben heraus, und zwar nach zwei Seiten hin. Nach der einen Seite ist es der Gegensatz gegen den äußerlichen Autoritätsbann. Diese Opposition machten der Herr und seine Apostel selbst innerhalb des Judenthums, das doch auf wirklich göttlichen Institutionen ruhte, und von welchem das Heil ausgehen sollte, also innerhalb des Gebietes der Rechtgläubigkeit oder der orthodoxen Kirche. Während Jesus das Gesetz schärfte in sittlicher Beziehung, entschränkte er dasselbe in Bezug auf Sabbat, Fasten 2c. [1]). Die irdische Segenserwartung des alten Testamentes erhöhte er in eine himmlische [2]). Die traditionellen Aufsätze vollends, in deren Beobachtung die pharisäische Richtung die Frömmigkeit setzte, mißachtete er mit Wort und That. Dann tritt ferner der Gegensatz hervor gegen die subjective Willkür der auflösenden Strebungen, so gegen die sabbucäische Freisinnigkeit, die Tempelentweihung u. dergl. Dieser ganze Gegensatz aber wird geltend gemacht nicht mit gewaltthätiger und künstlicher Agitation, nicht mit Dogmen- und Formel-

---

1) Vgl. die Bergpredigt Matth. 5 ff. Vgl. auch des Herausgeb. Schrift, „das göttliche Reich als Weltreich." S. 30.
2) Vgl. a. a. O. S. 111 ff.

bann und Verketzerung, sondern lediglich mit geistig mora=
lischen Mitteln, mit der Macht des Lehrwortes und des
Geistes, mit der sittlichen Kritik und der sittlichen Bildungs=
kraft des göttlichen Zeugnisses. Das Verfahren ist also
kurzgesagt weder revolutionär, noch conservirend und restau=
rirend, sondern es ist ein reformirendes und vor=
bildendes. Die Wirkung geht von Innen nach Außen;
es werden diejenigen inneren Bewegungen veranlaßt, und
diejenigen Keime eingesenkt, welche das zu Erreichende als
ihre entwickelte Frucht hervorbringen. Durch Sinnesände=
rung werden die Seelen mehr und mehr geistig abge=
löst von dem Einflusse der eigenen Natur und der äußeren
Verhältnisse, und durch den Glauben als die persönliche
Hingabe an Christum, wie er sich giebt in seinem Wort
und Werk, werden die Seelen immer mehr geistig ge=
einigt mit der Einen göttlichen Autorität und Wahrheit
in Christo. Ebendamit werden sie auch unter sich selbst
immer mehr zusammengebildet zu Einem geistigen Lebens=
typus, und auf dieser reellen Grundlage bildet sich dann
auch die Einheit der Gesinnung und des Handelns [1]).

Solcher Art ist das Verfahren, wenn eine wahre und
wirkliche Gemeinde Christi organisirt, und nicht eine blos
religiöse Gesellschaft oder eine äußere Kirche fabricirt werden
soll. Namentlich ist dies auf unsere gegenwärtigen Ver=
hältnisse anzuwenden, wo das Alt=Bestehende der Auflösung
entgegengeht, und das im wahren Sinne Neue erst ermög=
licht werden soll [2]). Eine christliche Gemeinde ist immerdar

---

1) Dies ist das evangelische Missionswerk.
2) Vgl. Dr. J. T. Beck, christl. Reden, 5. Sammlung, Nro. 21.
„Johanneswerk ein Gotteswerk."

erst anzulegen **auf dem Wege des Geistes**, d. h. sie ist
innerlich mit innerlichen Mitteln vorzubilden,
ehe sie selbst in eigenthümlicher äußerer Organisation ihre
Angehörigen zusammenfaßt, oder sich constituirt. Es müssen
ihre Individuen auf dem fort und fort bestehenden alten
Natur= und Weltboden immer neu erst aufgesucht werden,
müssen erzogen und zugebildet werden für den Geistesver=
band des Leibes Christi. Der Geist macht und erhält den
Leib lebendig, nicht der Leib den Geist.

Betrachten wir nun

Die Constituirung der christl. Gemeinde.

Wurde die alttestamentliche Gottesgemeinde als äußere
constituirt mit der Offenbarung des Gesetzes, so wurde die
neutestamentliche constituirt mit der **Offenbarung des
Geistes**. Die bis dahin vom Herrn herangebildete Jünger=
schaar, die auch in der Apostelgeschichte noch vor der Geistes=
ausgießung nicht Gemeinde heißt, sondern eben Jünger,
wurde voll heil. Geistes, der jeden Einzelnen ergreifend in
ihnen Ein Geistesleben, obgleich mannichfach abgestuft, zu
Tage brachte (Apostelgeschichte 2.). Diese geisteskräftige Schaar
bildete den Gemeindekern, um den sich nun auf demselben
vom Herrn bereits bearbeiteten Boden, in Jerusalem eine
wachsende Anzahl von Neugläubigen anschloß. Apostelge=
schichte 2, 41 f. 47. Kap. 6, 1, 7. Es geschah dieses,
indem **das Heil schriftmäßig und bündig in sei=
ner weltumfassenden Weite bezeugt**, und die hie=
von Ergriffenen im Namen Gottes besonders dazu berufen
wurden. Eine reine Bezeugung der Hauptwahrheiten des

Evangeliums, und die dadurch bewirkte **gläubige Sinnesänderung**, und **freiwillige Ergebung** an das berufende Heilswort — dies ist das Entscheidende [1]. Nicht die Kürze oder Länge des Unterrichts, nicht eine Summe von Kenntnissen macht es aus. Um den Umschwung im Herzen (Apostelgesch. 2, 37 f.), im Mittelpunkte der Persönlichkeit, handelt es sich, und dieser muß feststehen, muß entschieden sein, sonst kann man wohl eine religiöse Gesellschaft gründen, aber keine Christusgemeinde. Daher mußte und muß die gläubige Sinnesänderung wirklich **sich bewähren durch eine Thatsache**, durch eine solche nämlich, die den alten Lebenszusammenhang so entscheidend abschneidet, wie dieses in jener **ersten Zeit** die **Taufe** wirklich that als die öffentliche und feierliche selbstständige Vereinigung mit dem von der Welt verworfenen Christus und seinem Wort. Das Christenthum stand ja damals nach seiner inneren Seite in vollem und entschiedenem Gegensatze zur Welt, und nach der äußeren Seite war es bald Gegenstand des allgemeinen Hasses und der Verachtung. In dieser Gestalt war es lediglich der freien persönlichen Wahl anheimgegeben, die durch keine anderen Beweggründe als die der inneren gewissenhaften Ueberzeugung herbeigeführt werden wollte und sollte. So war die freiwillige Annahme der Taufe ein thatsächliches Kennzeichen der Selbstverläugnung und Weltverläugnung, und wenn sich je ausnahmsweise auch hier ein Trug einschlich, so konnte er unter der strengen Wachsamkeit Aller, und bei den vielen äußeren Bedrängnissen nicht unentdeckt bleiben. Da galt es aber dann nach dem fest-

---

[1] Vgl. oben S. 11.

stehenden Grundsatze nicht Duldung, sondern vielmehr Besserung, oder Ausstoßung des Unverbesserlichen. Der gemeinschaftliche Charakter Aller, welche die Gemeinde constituiren, ist demnach der Glaube, wie er sich gründet auf die von Christus vollzogene Offenbarung des Geistes. Innerhalb dieses Gemeinsamen bietet sich nun aber von vorneherein eine Verschiedenheit dar unter den Gemeindegliedern. Es sind namentlich einerseits geistig Erstarkte[1]), die schon mit der selbständigen Licht- und Thatkraft des Geistes (mit dem „Feuer" und der „Kraft aus der Höhe") getauft sind, die in Erkenntniß der göttlichen Wahrheit, in Gehorsam und Freiheit der Wahrheit Vorbilder für die Uebrigen, unter sich jedoch auch wieder abgestuft sind. Anderntheils sind es geistig Neugeborene und noch Schwache, welche erst die geistige Empfänglichkeit haben, die Elemente des geistigen Lebens[2]), aber noch nicht die selbständig entwickelte Licht- und Thatkraft des Geistes. Diese sind jedoch mit den Ersteren brüderlich verbunden, nicht hierarchisch, und sind durch sie in stetiger Fortbildung begriffen bezüglich der Heiligung des Geistes und der Erkenntniß der Wahrheit[3]). Dieses sind die Unterschiede, welche in der Gemeinde anerkannt werden, nicht aber der Unterschied zwischen Gläubigen und Ungläubigen, Bekehrten und Unbekehrten.

---

1) τελειοι von Paulus genannt.
2) noch in den „Anfangsgründen" stehen, der „Milch der Lehre" bedürfen, wie die Apostel sich ausdrücken.
3) Apostelgesch. 2, 41, 44. Röm. 15, 1—3, 6 f. Hebr. 5, 12 ff. 1 Kor. 3, 1. 1 Petr. 2, 2 ff. 2 Thess. 2, 13 f.

Das Wesen und der Fortbau der christl. Gemeinde.

Die Gemeinde Christi ist also eine **Geistesgemeinde** im göttlichen Sinne des Wortes; sie ist kein blos gesellschaftlicher Menschenverband, weder blos eine äußerliche Religionsgesellschaft, noch eine Staatsgesellschaft, noch eine Komposition aus beiden als Staatskirche. Sie faßt nicht einfach Gottesverehrer und Staatsbürger in einer besonderen gemeinsamen Form zusammen, in kirchlicher, sondern sie umfaßt von Gottes Geist beseelte Kinder Gottes, und von Gottes Gesetz inwendig regierte Bürger des Gottesreiches, die mit dem Einen überweltlichen Oberhaupt oder Monarchen für sich und unter sich durch Eine Geistes- und Lebensgemeinschaft, nicht durch eine bloße Kultusgemeinschaft verbunden sind. Dieser Gemeindeverband ist denn auch so originell, daß unter den **menschlichen** Verbänden keiner für die besondere Art desselben ein Gleichniß darbietet außer das **Ehe- und Familienband** (Ephes. 5, 23; 2, 19 ff.; 3, 14 ff.). Denn andere Aehnlichkeiten mit Staat, Reich und Herrschaft weisen in die an Christi Wiederkunft geknüpfte **Zukunft** der Gemeinde.

Es ist die Auffassung der christlichen Gemeinde blos als Gesellschaft, als äußerliche Vereinigung für religiöse Zwecke nichts als eine oberflächliche Abzeichnung ihrer äußeren Erscheinung, genügt aber der Art und dem Geiste der Gemeindevereinigung so wenig, daß diese damit herabgesetzt ist unter das Band, das schon Ehe und Familie über alle sonstigen Verbindungen erhebt. Die Familie ist gerade kein äußeres Gesellschaftsinstitut, sondern ein göttliches Schöpfungsinstitut; sie ist nicht durch Verordnungen, durch künstliche Form und Verfassung, nicht durch ein mechanisches oder blos statutarisches Band gestiftet und zusammengehalten, sondern die Ehe ist ein Naturverband, und darauf hin eine Herzensverbindung, eine sittlich verpflichtende Lebensgemeinschaft der Liebe, also eine aus organischer Grundlage erwachsende sittliche Verbindung. Die Ehe, wo sie rechter Art ist, ist eine organische Einigung, welche die ganze Person an Seele und Leib umfaßt, eine persönliche Leibes- und Seeleneinigung von Mann und Weib nach der Natur des Fleisches ($\kappa\alpha\tau\alpha\ \sigma\alpha\rho\kappa\alpha$). Und eine gleiche persönliche Einigung, nicht eine bloße Kultusvereinigung, findet nach biblischer Auffassung statt zwischen dem Herrn und seiner Gemeinde nach der Natur des Geistes ($\kappa\alpha\tau\alpha\ \pi\nu\varepsilon\upsilon\mu\alpha$). Die Einigung geht in beiden Verhältnissen hervor einerseits aus **innerer Nothwendigkeit**, aus organischer Zusammengehörigkeit, sofern nämlich Mann und Weib, ebenso Christus und die Menschen nach ihrer Naturbeschaffenheit für einander bestimmt sind [1]). Andererseits findet auf diese innere Nothwendigkeit hin kein Zwang statt, die organische Zusammengehörigkeit wird erst **auf sittlichem Wege**, auf dem Weg der freien Entschließung eine persönliche Eheverbindung; es ist der freie Glaube und die freie Liebe, die eigene unerzwungene Wahl, was Mann und Weib, und so auch Christus und die Menschen zusammenführt und zusammenhält. Wie nun ferner die eheliche Verbindung durch **fleischliche** Zeugung und Fortpflanzung nicht nur eine Gesellschaft stiftet, sondern eine Menschenfamilie um sich her bildet, einen Verband, dessen Glieder durch gleiche Natur

---

[1]) Kol. 1, 15 f. 1 Kor. 8, 6. Joh. 1, 9 ff. Eph. 5, 30, 32.

und durch das sittliche Naturband der Liebe als Kinder und Geschwister in einem Hauswesen verbunden sind; so wird auch in der wahrhaft christlichen Gemeinde-Verbindung durch Geisteszeugung und Fortpflanzung eine Gottesfamilie gebildet, deren Glieder aus dem **einen** göttlichen Geistessamen geboren, **einer** göttlichen Natur theilhaftig, und durch das höhere Naturband der Geistesliebe verbunden sind. So sind sie eine nicht künstlich, sondern **naturhaft gegliederte Gemeinschaft von Kindern und Brüdern**, und eben als solche sind sie auch im Besitz der Freiheiten und Vermögensrechte des göttlichen Hauses, während die bloßen Knechte, das Dienstpersonal, oder vollends die Bastarde, wenn sie auch im Hause, d. h. in der äußeren Verbindung sind, und allerlei Macht sich herausnehmen können, nur eine vorübergehende zeitliche Duldung und Verwendung finden, ohne je erbberechtigt zu sein [1]).

Andere Vergleichungen sind dem Gebiete der **äußeren** Natur entnommen, also nicht dem Gebiet der menschlichen Gesellschaft, sondern dem organischen Schöpfungsgebiet, worin der menschlichen Selbstthätigkeit Wesen, Gesetz und Ziel gegeben ist. Hier stellt der **Fels** mit einem darauf errichteten Gebäude die Festigkeit und Planmäßigkeit dar [2]); der **Same** mit anschließender Pflanzung die von Innen ausgehende wachsthümliche Entwicklung [3]). Der **Weinstock** mit seinen

---

1) 1 Petr. 1, 22 f. Gal. 3, 28; 4, 7, 29 f. Joh. 8, 35.
2) Matth. 7, 24 f.; 16, 18. Ephes. 2, 20, 22. 1 Kor. 3, 10—15. 1 Petr. 2, 4—8.
3) Mark. 4, 26 ff. Matth. 13, 38. Jak. 1, 21. 1 Petr. 1, 23. 1 Joh. 3, 9. Matth. 15, 13. 1 Kor. 3, 6—9. Röm. 6, 5.

Reben, der Leib mit Haupt und Gliedern heben die innere Wesens- und Kraftgemeinschaft hervor [1]).

Alle diese Bezeichnungen und Vergleiche weisen nun auf den **göttlichen** Ursprung und fortdauernden Grund der Gemeinde. Denn das Fundament, der Same, der Weinstock, das Haupt ist rein von Gott, und nicht von Menschen. Es ist Jesus Christus in seiner eigenthümlichen Person, mit seinem eigenthümlichen Geist, Wort und Werk. Daran haben Menschen weder etwas ab- noch zuzuthun. Wo dergleichen geschieht und stattfindet, wird gesündigt gegen Grund und Wesen, gegen Haupt und Geist; es sind Hauptfehler, und es giebt ein Grundverderben. Der Fortbau darf sich von den Stiftungsgrundlagen nicht entfernen. Er ist nicht an eine Lehrentwicklung geknüpft, sondern an das göttliche Geisteswort, welches allein den Erlösungsplan und Erlösungsweg Gottes rein und lauter in sich faßt und offenbart. Dieses göttliche Geisteswort, wie es aus keinem menschlichen Bewußtsein entsprungen, kann es auch von keinem menschlichen Bewußtsein umspannt oder umschränkt werden, (also auch von keinem confessionellen Symbole), viel weniger aber überholt werden. Ebenso ist die Leitung der Gemeinde Christi nicht Sache eines menschlichen, sei es Fleisches-, oder Geistesregiments, sondern **einer göttlichen Geistesregierung**. Sie kommt einem Einzigen als **dem Einen Herrn** zu, dem allein zur Rechten Gottes erhöhten Menschensohne, nicht aber seinen Knechten, bevor er sie bei seiner Wiederkunft wird eingesetzt haben in das Regieren mit ihm. Das göttliche Geistesregiment, wie es

---

1) Joh. 15, 1—6. 1 Kor. 12, 12 ff.

der Eine göttliche Throninhaber ausübt, erfolgt in stetiger Verbindung mit dem ewig bleibenden Geistes=wort, vollzieht sich durch und nach demselben, nicht ohne dies Wort, oder gar wider dasselbe. Und die Wirkungsweise der göttlichen Regierung ist Gnade und Ge=richt, nicht Eines ohne das Andere. Das der Verwirk=lichung entgegengehende Ziel aber ist die Ausbildung der Gemeinde zu einem göttlichen Geistestempel, zu einem gei=stigen Leibe Christi.

Dies sind biblische Grundbestimmungen. An=tastungen dieser göttlichen Grundlagen, Central= und Ziel=punkte, Aenderungen in diesen Gottesgedanken und göttlichen Thatsachen, in diesen Mitteln und Zwecken, Zurückstellen und Herunterstellen derselben unter das menschliche Erfinden und Machen, dies Alles erklärt der biblische Gemeindebegriff für Uebergriffe in das Gebiet des höchsten Monarchen, in sein ausschließliches Schöpfungsrecht, Gesetzgebungsrecht und Regierungsrecht — es sind mit einem Worte Majestäts=verbrechen. Da wird Name und Wesen der Gemeinde Christi gefälscht, ihr Fundament, Weg und Ziel verrückt, es werden ihr die Quellpunkte entzogen, die Kanäle und Segenswirkungen der überirdisch göttlichen Kräfte geschmälert, es wird der Schatten ergriffen statt des Wesens.

Im Uebrigen, was das Zusammenfügen (Bauen), Säen, Pflanzen und Entwickeln angeht, haben die Menschen aller=dings mit Gott zusammenzuwirken, aber immer nur so, daß das Menschliche, weit entfernt das Göttliche zu hemmen und zu meistern, demselben vielmehr dient und gehorcht. Gott in Christo ist es, der Vermögen und Gedeihen, Trieb und Kraft, Regel und Richtschnur, Aufgabe und Lohn dar=

reicht. Bei ihm haben die Menschen also in Bezug auf das Säen, Pflanzen, Bauen, und Entwickeln zu suchen, aus ihm zu schöpfen, und sonst nirgends; sie dürfen nicht aus ihrem Eigenen, d. h. dem Ungöttlichen das Göttliche zu Stand bringen wollen. Die Menschen haben sich hinzugeben und zu unterwerfen, um von ihm zu empfangen und zu nehmen, und das Gegebene haben sie nicht mit fremden Zusätzen zu mischen, sondern lauter in steter Abhängigkeit vom Herrn zu gebrauchen und zu verwalten. Dann ist Wahrheit im Verhältniß. Alles gegentheilige Eigenwirken aber bringt nicht Segen, sondern Gericht [1]).

Gott in Christo Jesu muß die Ehre des Schöpfers und Herrn, des Anfängers und Vollenders bleiben.

---

1) 1 Kor. 3, 10—15. 2 Tim. 2, 19—21. 2 Kor. 6, 1, 14—18; 5, 9 f. 1 Petr. 4, 17.

Der Staat und das Christenthum.

Der biblische Begriff des Staates geht nicht, wie der der modernen Wissenschaft dahin, daß der Staat der objective Geist sei, daß er die Verwirklichung des ganzen natürlichen und geistigen Lebensbegriffes der Menschheit in seinem Schooße zu vollbringen habe. Im Sinne einer ganz im Diesseits aufgehenden Wissenschaft soll damit eigentlich aller wirkliche Religionsinhalt, alles Ueberweltliche und Unsichtbare verneint sein, und um diesen Sinn offen und genau auszudrücken, sollte man eigentlich sagen: es giebt kein religiöses, nur ein politisches Leben für den Menschen, kein jenseitiges, nur ein diesseitiges. Die Behauptung aber ernstlich ihrem Wortlaut nach genommen, ist es ein Begriff, dem noch kein Staatsorganismus irgendwo und wann entsprochen hat, aber auch nicht entsprechen kann, so lange Religiöses und Politisches, Geistiges und Natürliches, Weltliches und Ueberweltliches in der Natur des Menschen und der Welt einerseits nebeneinander vorhanden sind, und andererseits doch nicht in wirkliche Uebereinstimmung gebracht sind, sondern wesentlich auseinandergehen, und verschieden sind. Uebrigens der Begriff eines Alles in sich befassenden Staates ist der Schrift keineswegs fremd und zu hoch. Die Schrift kennt wohl einen Staat, welcher die Verwirklichung des ganzen menschlichen Lebensbegriffes, und zwar diesen in seinem höchsten Sinne gefaßt, und die Vollziehung aller göttlichen Aufgaben in seinem Organismus vereinigt, nur reiht sie den so erweiterten und vollendeten Staatsbegriff in seinen naturgemäßen Zusammenhang ein, und das unterscheidet die Weisheit von der Phantasterei. Eine solche Hoheit des Begriffs erreicht nämlich der Staat erst mit der Wiederkunft Christi als des Herrn über Kirche und Staat und des Vollenders von beiden, indem an diese Wiederkunft die Weltumgestaltung und Vollendung geknüpft ist. Da tritt die wahrhafte Objectivirung des wahrhaften Geistes ein, indem da Menschliches und Göttliches, Weltliches und Ueberweltliches, Natur und Geist, Aeußerliches und Innerliches sich wesentlich einigen und durchdringen, und so dann auch Religion und Politisches, oder Kirche und Staat. Dies allein ist der christliche Staat, von dem die Schrift weiß [1]). Da ist aber auch der Staat selbst nicht mehr Weltstaat unter einem menschlichen sündigen Oberhaupte und Verwaltungspersonal, sondern Königreich Gottes ($\beta\alpha\sigma\iota\lambda\varepsilon\iota\alpha\ \vartheta\varepsilon o\upsilon$), christlicher Gottesstaat unter dem gottmenschlichen Oberhaupte mit einer Verwaltung von ausgebildeten Gottesmenschen; er ist Staat im vollendeten Sinne [2]). Hienach gehört der christliche Staat, in der vollen Bedeutung des Wortes, der Zukunft an, und es ist Uebertreibung und Schwärmerei von einem christlichen Weltstaat zu reden. Es ist nichts Anderes, als eine jener Vorausnahmen und un-

---

1) Matth. 19, 28. Röm. 8, 17, 21. 1 Kor. 6, 2. Offb. 11, 15. 20, 4—6; 21, 1. 6.
2) Vgl. des Herausgebers Schrift: das göttliche Reich als Weltreich. S. 268 ff., auch S. 134, 186 f. 245 ff.

wahren Verwechselungen der Gegenwart mit der Zukunft, der Welt mit dem Geist, des Aeußeren mit dem Inneren, welche die doctrinären Verschiebungen der wirklichen Verhältnisse im Geleite haben, und die so viel Verwirrung und Unheil in der jetzigen Zeit anrichten.

Dem Staat kommt übrigens auch jetzt schon, und auch gegenüber dem Christenthum, ohne daß er christlicher Staat ist, eine selbständige Stellung zu, ein sittlicher, ja ein religiöser Werth für sich selbst. Der Staat ist schon geschichtlich betrachtet, so wenig durch das Christenthum bedingt, daß er vor demselben und ohne dasselbe existirt als heidnischer Staat, und auch da schon [1]) ist und bleibt dem Christenthum die Staatsgewalt als solche ein göttliches Institut, ein Ausfluß göttlicher Ordnung. Darin liegt aber, daß die Staatsgewalt ebensowenig abhängig von menschlicher Willkür sein darf, wie unabhängiger Selbstherrscher, Autokrat, absolute Macht. Der biblische Begriff des weltlichen Staates ruht nämlich im Begriff des göttlichen Gesetzes als des irdischen Rechtes und Gutes, dagegen der Begriff der christlichen Gemeinde oder Kirche ruht im Begriff der göttlichen Gnade als des himmlischen Heiles; der Begriff des künftigen christl. Staates aber ruht im Begriff der Christokratie als Gesetzes- und Heilsvollendung. Röm. 13, 3 ff. stellt eben die weltliche Staatsgewalt als Gottes Dienerin dar, wie auch das kirchliche Amt ein Dienst Gottes heißt. Die Staatsgewalt muß also, wie das kirchliche Amt, etwas Gött-

---

1) Röm. 13, 1.

liches zu verwalten haben, und wenn sie Römer 13 mit Werken, Lohn und Strafe, mit Schwert, Zorn und Furcht in Verbindung gebracht ist¹), so trifft dies Alles zusammen mit dem, was die Schrift dem Gesetze zuschreibt. Das Gesetz aber steht seinem Wesen nach nicht blos im alten Testament geschrieben, sondern auch im Herzen aller Völker²). Eben nun als Vertreter des göttlichen Gesetzes kann die Staatsmacht Gottes Diener heißen. Der Staat ist also auch ohne Christenthum nichts Profanes, nichts Weltliches in unheiligem Sinne, sondern als Diener Gottes, als dienstliches Verwaltungsorgan Gottes, speciell seines Gesetzes, gehört der Staat auch zum Reiche Gottes, aber nur im weiteren Sinne desselben, sofern dasselbe vermöge der göttlichen Schöpfungsordnung³) alle Welt unter Gottes Gesetz befaßt, nicht aber in dem besonderen alttestamentlichen Sinne, in welchem das Reich Gottes eine Theokratie bildet, noch weniger im specifisch christlichen Sinne, in welchem das Reich Gottes zu einer Christokratie wird, und ein Reich nicht von dieser Welt, ein Himmelreich ist. Heißen daher die Obrigkeiten immerhin Diener Gottes, so doch **nicht Diener Christi**. Diese letzteren haben schon für diese Welt ihren besonderen Christusdienst (Diakonie), der von der Welt abgesondert ist, und bleiben muß⁴). Sie haben den Dienst des Wortes⁵), nicht fleischlicher Waffen⁶), das Amt der Versöhnung, nicht des Schwertes⁷),

---

1) Vgl. 1 Petr. 2, 14.
2) Röm. 2, 14.
3) κτίσις.
4) Ap. Gesch. 5, 29, 32.
5) Ap. Gesch. 6, 4.
6) 2 Kor. 10, 3 ff.
7) 2 Kor. 5, 18.

das Amt des Geistes, nicht des Gesetzesbuchstabens [1]). Und dieses geistige Gnadenamt ist nicht dem irdischen Gesetzesamt des Reiches Gottes eingegliedert, welches der Staatsgewalt zukommt, sondern dem **überirdischen** Haushalte des Reiches Gottes, dem himmlischen Gottesstaate, der einst auch irdischer Staat werden soll.

Die beiderseitigen Aufgaben.

Haben Staat und Kirche das gemeinsam, daß beide als dienstliche Werkzeuge Gottes göttliche Aufgaben haben, so besteht doch eine wesentliche Verschiedenheit. Das Göttliche in Christo, das der Welt erst innewohnend werden soll als neue Kreatur, als Wiedergeburt, die **Himmelreichsgnade ist Aufgabe der Kirche**. Das Göttliche aber im allgemeinen Sinne, wie es der Welt als göttlicher Schöpfung bereits innewohnt, das ihr **eingeschaffene Gesetz, und das davon abhängige Gut** — dies Göttliche ist **Aufgabe des Staates**.

Bei der Himmelreichsgnade nun handelt es sich nicht um ein weltliches diesseitiges Heil, sondern um **das himmlische Heil**, um das Ueberirdische; es gilt das Ewig-Geistige, oder das Geistliche, nicht das Zeitlich-Geistige; es gilt die ewige Zukunft der Menschheit, nicht die zeitliche Gegenwart. Die Aufgabe der Kirche in dieser Welt ist also Menschen zu bilden und zu vereinigen für eine ewige Weltform, für ein himmlisch-geistiges Reichsleben. Von der sittlichen Seite angesehen hat die Kirche den Menschen nicht blos im Allgemeinen sittlich zu bilden, sondern für eine Sittlichkeit zu erziehen, die über diese Welt hinausstrebt, und die Gewinnste

---

[1] 2 Kor. 3, 6 πνευματος, nicht γραμματος νομου.

der letzteren um eines höheren Zieles willen verläugnet ¹). Die Reichs- und Gesetzesurkunde hiefür, die der Kirche maßgebend sein muß, ist das Evangelium. Aus diesem, nicht aus menschlicher Vernunft, noch nach menschlicher Geschichte darf das Reichs- und Ordnungsprincip bestimmt werden, das die Kirche zu vertreten hat.

Die Seele des Staates bildet das Gesetz. Darunter ist aber ebenfalls nicht das Fabrikat menschlicher Erfindung und Willkür verstanden, sondern das Gesetz in seiner göttlichen Gegebenheit, theils als Naturgesetz, theils als positives Gesetz im alten Testamente ²) letzteres nämlich seinem Kerne nach, nach Ausscheidung des Unwesentlichen, der örtlichen und zeitlichen Bundesform, der theokratischen Form ³). Bei diesem Gesetz handelt es sich im Unterschied vom Evangelium um das irdische Recht und Gut („daß es dir wohlgehe auf Erden"), um das, was das diesseitige Heil nach Person, Besitz und Ehre angeht. Es handelt sich also allerdings bei dem vom Staate vertretenen Gesetze um materielle Interessen, um diese jedoch nicht im blos materiellen, eudämonistischen Sinne, sondern das Gesetzesheil Gottes ist sittlich bestimmt, auf Sittlichkeit gegründet, und nach sittlichen Zwecken geordnet ⁴). Freilich steht diese gesetzliche Sittlichkeit niederer als die oben erwähnte evangelische des Himmelreiches. Der Grundbegriff der ersteren ist das gerechte Handeln auf Erden als Grundlage des irdischen Heiles, also das rechtliche Verhalten,

---

1) Matth. 16, 25 f.
2) Vgl. des Herausg. Schrift, das göttliche Reich. Abschn. 4 u. 10.
3) Vgl. Göttliches Recht und Menschensatzung. Basel 1839.
4) Vgl. d. Herausg. a. a. O. S. 107 ff.

das suum cuique. Dieses bestimmt sich im Allgemeinen dahin, daß jeder als Mensch menschlich zu behandeln ist: du sollst deinen Nächsten lieben als dich selbst — **Humanität**. Aufgabe des Staates ist also die Bildung eines Gemeinlebens, das für die irdischen Lebenszwecke sittlich geordnet ist, und zwar so, daß darin die wesentlichen Bedürfnisse der Menschheit als solcher, oder die Humanitätsinteressen naturgemäßen Schutz und Pflege finden. Dann darf aber auf dem Standpunkte des Staates nicht das äußere Verhalten und Befinden der Menschen allein in Betracht kommen wie bei einer Schafheerde. Der Mensch als Subject und Object ist keine bloße Sache, oder blos eine zu züchtende Bestie, sondern der Mensch ist **eine Person**; Gewissen und Vernunft ist sein Wesen; er ist ein sittliches Wesen. Der Staat im göttlichen Sinne darf darum **kein bloßer Rechts-, oder Policei-, oder gar ökonomischer Züchtungsstaat** sein, sondern **Humanitätsstaat**. Aeußeres Recht und Policei sind wohl **Mittel, aber nicht das Wesen**. Es ist deßwegen keine genügende Unterscheidung zwischen Kirche und Staat, wenn man sagt, mit dem Leib und dem Leiblichen gehöre der Mensch dem Staate an, mit der Seele und dem Geistigen der Kirche. Dies ist ein Dualismus, bei welchem beide Theile zu kurz kommen, Kirche und Staat. Der Mensch lebt als Mensch im Staate; er nimmt nicht blos mit einem Theile, einer Hälfte seiner Natur, mit dem Leibe daran Theil, sondern mit Leib und Seele, mit Vernunft und Gewissen, mit allen seinen geistigen Naturkräften, weil er sich nicht halbiren kann. Also **nicht eine Naturtheilung scheidet Staat und Kirche**, sondern **jeder Theil hat es mit dem ganzen Menschen zu thun**, aber jeder in besonderer Beziehung. Zwei verschiedene Grundbeziehungen des ganzen Menschen sind es, welche sich zwischen Staat und Kirche vertheilen. Im Staat ist das Leibliche und das Geistige des Menschen sittlich zu entwickeln in Beziehung auf die gegenwärtige irdische Lebensgemeinschaft, in der Kirche in Beziehung auf die ewige, daß Leib und Geist Christi werden und seines Lebens, des himmlischen theilhaftig werden. Wenn nun das Gesetz und der Staat zunächst auf's Thun bringt, die Werke fordert und bemißt, so kommt doch das Innerliche mit in Betracht. Wäre die Gesinnung für Staat und Gesetz etwas Gleichgültiges, so wäre Heuchelei, Schein und Trug eingesetzt, mit einem Worte die unsittliche Gesinnung. Die wesentliche Unsittlichkeit wäre dann politisch, wie sie es leider durch moderne Staats- und Kirchentheorien geworden ist. Als Quelle der That ist die Gesinnung für das Gute und Böse entscheidend, und daher nicht außer Rechnung zu lassen, wenn schon Staat und Gesetz sie nur in ihrer Aeußerung zu fassen vermögen. Es gehören also zur Aufgabe des Staates nicht nur die materiellen, sondern auch die sittlichen, und so die geistigen Interessen überhaupt, mit einem Worte die Humanitätsinteressen. Sie sind die Grundlage eines wahren Rechtslebens und einer wahren Wohlfahrt.

Das Verhältniß des Staates zu Religion und Kirche.

Unter den Humanitätsinteressen sind die religiösen mitzubefassen als dazu gehörig. Denn die Religion gehört ebenfalls zum Wesen des Menschen, ob man sie auch nur zum Wesen der Menschen, wie sie einmal sind, rechnen wollte, mit welchen es ja eben der Staat zu thun hat. Ohne Beziehung zur Religion hört der Staat auf Menschen= staat zu sein, er wird zum Bienen= oder Ameisenstaat. Die Humanitätskultur weicht ohne Religion der Kultur der In= stinkte, welchen dann auch der Geist dienstbar wird. Ebenso liegt es auf der anderen Seite in der Natur der Religion selbst, daß sie nicht etwas Vereinzeltes ist, und sein kann, etwas auf gewisse Zeiten, Orte und Handlungen Beschränktes, sondern die Geltung, die sie eben als Religion, als Beziehung zum Göttlichen, das über Allem, und durch Alles ist, und sein soll, anspricht, ist eine unbegränzte, dehnt sich auf alle menschlichen Verhältnisse aus. Die auf philosophischem Gebiete aufgeworfene Frage, ob die humane und sittliche Entwicklung nicht auch ohne Religion und Kirche vom Standpunkte der bloßen Vernunft und Kultur aus möglich sei, ist für das Christenthum eine völlig werthlose, weil sie die Natur des Menschen und das wirkliche Leben verkennt, für den Staat aber hat sie keine praktische Bedeutung, weil dieser es mit dem Charakter der **wirklichen** Menschheit und mit den **geschichtlichen** Verhältnissen zu thun hat, nicht mit reiner Vernunft, die dem Staat erst aufgezeigt werden müßte. **Die Erfahrung**, an welche der Staat sich zu halten hat, lehrt, daß es ohne Religion keine Staaten giebt, nur Horden und Parteien. Staatenstiftungen be= ginnen mit Religionsstiftungen, Staatenauflösungen mit Religionszerfall; dies ist die geschichtliche Erfahrung, und das ist auch in der Natur der Sache begründet. **Mit der absoluten Autorität steht und fällt allmälig jede relative Autorität im Menschen und zwi= schen den Menschen, mit der h. Scheu vor Gott** dem obersten Herrn und Gesetzgeber die Scheu vor dem eigenen Gewissen, vor dem Nebenmenschen, und jeder irdischen Autorität. Religion im Allgemeinen ist Lebensbedingung für die Existenz des Staates, und für die Lösung seiner Aufgabe, ein sittlicher Humanitätsstaat zu sein, und nicht ein Thierstaat.

Eine weitere Frage aber ist die, ob der Staat die Lösung dieser Aufgabe von sich aus vollziehen kann? Die ganze Staatsgewalt faßt sich im Gesetz zusammen, wenn man nicht von brutaler Gewalt ausgeht. Das Gesetz nun auch in seiner besten Fassung spricht den Willen wohl an, vermag aber nichts über den Wlderwillen. Es kann den Willen nur fassen in seiner thatsächlichen Aeußerung durch äußeren Befehl und Zwang, durch Rache gegen Uebelthun und durch Belobung, d. h. durch äußere Auszeichnung und Förderung des Gutesthuns. Die Macht des Staates ist eine äußere, und hat sich gegenüber einen mehr oder weniger widerstrebenden Willen, eine den höheren Ordnungsbegriff verneinende Selbstsucht, die zerstörende Gewalt des Bösen, dessen inneren Grund sie nicht erreichen kann. Fassen wir vollends speciell die geistigen, die sittlichen und religiösen Angelegenheiten in's Auge, so können gerade sie am wenigsten äußerlich befohlen und erzwungen werden. Der Staat muß die ihnen entsprechende Gesinnung wohl ansprechen als die Triebfeder des sittlichen und gerechten Verhaltens, dessen er bedarf, und das er fordert, aber er kann sie nicht hervorbringen. Sie fällt jenseits der Macht von Gesetz und Staat in das Gebiet des inneren Lebens, des freien Willens, der geistigen Entwicklung und Gesinnung. Die nach dieser Seite allein entsprechenden Mittel sind geistige Lehre und Er=

ziehung, oder innere Bildung. So bedarf also der Staat für die sittlichen und religiösen Zwecke, welche seine eigene Existenz bedingen, geistige Lehranstalten, sittlich religiöse Bildungsanstalten. Bloße Rechts= und Policeianstalten erschöpfen des Staates Aufgabe nicht, und sichern seine Existenz nicht.

Wie weit erstreckt sich nun in dieser Richtung Pflicht und Recht des Staates? So nothwendig die Religion für die sittliche und rechtliche Ordnung und die Wohlfahrt ist, so kann und darf doch der Staat nicht von sich aus Religion hervorbringen wollen; sie kann und darf nicht hervorgebracht werden vom Standpunkt äußerer Macht aus, ob es auch unter kirchlichem Titel geschehe. Der Staat soll also Sorge tragen, daß den religiösen Bedürfnissen Genüge geschehe, religiöse Bildungsanstalten gestiftet seien, unterhalten und beschützt werden; nie aber darf der Staat sich mit der Religion so befassen, daß er in ihr Wesen eingreift, daß er sich mit ihr als innerem Leben, als Glaube und Frömmigkeit gesetzgebend und zwangsmäßig befaßt. Dies töbtet die Religion als freie Selbstbeziehung zu Gott im Kern und im Keim. Auf der anderen Seite kann und darf der Staat die Religion nicht schlechthin nur als ein Inneres und als Sache der Freiheit behandeln, oder rein nur als etwas Kirchliches. Die Religion hat wie Alles eine Seite, mit welcher sie in die Erscheinung tritt; ihre Anstalten haben eine Seite, mit welcher sie dem äußeren Gebiete angehören, auf welches sie auch einwirken. Diese äußere Seite der Religion fällt in das Gebiet des Staates und des Gesetzes, und soweit das Innere der Religion in Handlungen sich äußert, oder zu äußern hat, auch diese. Hieraus ergeben sich eine Reihe von Folgerungen:

Der Staat hat als allgemeine Bürgerpflicht zu fordern, daß Keiner außer aller Religionsgemeinschaft stehe, daß namentlich die noch Unmündigen, und die von Anderen Abhängigen der religiösen Pflege nicht entzogen werden. Darum soll aber der Staat nicht fordern, daß jeder Staatsbürger der christlichen Confession oder gar einer bestimmten angehören müsse [1]). Die göttliche Aufgabe des Staates, wie sie die Schrift selbst bestimmt, knüpft sich keineswegs an an das speciell Göttliche in Christo an, und noch weniger an die menschlichen Formfassungen desselben, sondern nur das allgemein Göttliche. Der Staat ist Diener Gottes, nicht Christi [2]). Daraus folgt aber andererseits nicht, daß jede Religion für den Staat gleichgültig sei, und er jede gleichmäßig gewähren lassen müsse. Im Allgemeinen ist vom Standpunkt des Staates aus das Verhältniß entscheidend, das eine Religion zu seiner göttlichen Autorität einnimmt [3]), und zu seiner sittlichen Humanitätsaufgabe. Sofern denn der Staat nach biblischer Lehre Werkzeug des göttlichen Reiches sein soll, kommt noch weiter das Verhältniß einer Religion zum ächten (monotheistischen) Gottesglauben, und zur wahren, d. h. sittlich bildenden Frömmigkeit in Betracht. Nach diesen

---

1) Weder Petrus vor dem hohen Rath, noch Paulus vor der kaiserlichen Obrigkeit erklärten, wir haben im Namen Gottes, dessen Diener ihr seid, zu fordern, daß ihr ein Edict ausgehen lasset an Priester und Volk, welches sie zwingt, uns zu hören, und das Christenthum zur alleingültigen Staatsreligion macht.

2) Vgl. oben S. 31.

3) Von diesem Gesichtspunkte aus ist die politische Stellung des Katholicismus zu begränzen.

Rücksichten bestimmt und bemißt sich für den Staat theils Zulassung oder Ausschließung, theils Duldung oder Beschränkung, theils Unterstützung und Bevorzugung. Aber auch in der Unterstützung der Religion hat der Staat die persönliche Freiheit zu schützen, daß er die Verbreitung der Religion lediglich freien, nicht gezwungenen geistlichen Einwirkungen überläßt, und was darüber hinausgeht, in seine Schranken zurückweist. Der Gerichtsbarkeit des Staates verfällt Alles, wodurch, wenn auch unter der Firma von Religion und Kirche, der Staat in seiner Oberherrlichkeit angetastet wird, oder Staat und Staatsbürger in ihrem wesentlichen Recht und Eigenthum angegriffen werden, also Beeinträchtigungen wesentlicher Grundsätze der politischen Ordnung, politischer Grundrechte. Andererseits verfällt der Rechts- und Strafmacht des Staates zwar nicht Gesinnung und Meinung in Religionssachen, wohl aber die Aeußerung in Wort und Handlung, die thatsächliche Erscheinung. Es verfällt dem Staate zwar nicht das Unchristliche im Besonderen, wohl aber das Religionswidrige, die Gottlosigkeit, Alles, wodurch das Göttliche entweiht, das religiöse Fundament angegriffen wird, ebenso das Unsittliche in seinen lasterhaften Erscheinungen, was allerdings auch unchristlich im weiteren Sinne ist.

Es sind zwei Einseitigkeiten zu vermeiden in der religiösen Stellung des Staates. Die eine, daß der Staat gar nicht nach der Religion seiner Bekenner zu fragen habe, — religiöser Indifferentismus; dies ist eine ebenso unpolitische als unhistorische Abstraction. Auch in Belgien und Nordamerika ist dieser Grundsatz zwar auf dem Papier vorhanden, in Wirklichkeit aber das politische Verhältniß der

Religionen nur den Parteikämpfen preisgegeben, statt rechtlich geordnet zu sein. Eine praktische Anwendung des Indifferentismus führt zur Irreligiosität und Immoralität, und damit zum Staatszerfall. Die andere Einseitigkeit ist die, wenn man dem Staate positiven Religions=zwang, oder gar Kirchenzwang, ja Confessions=zwang beilegt. Die Religion als Gesinnung und inneres Leben will nicht erzwungen sein, und läßt sich nicht erzwingen, sonst würde Gott selbst es thun, den die Religion zunächst angeht. Die Religion ist zwar ein Staatsbedürfniß, das der Staat zu pflegen hat durch positive Bildungsmittel, und zu schützen gegen öffentliche thatsächliche Angriffe. Nicht aber ist durch das religiöse Staatsbedürfniß eine bestimmte Landesreligion mit Ausschließung anderer gesetzt, sondern politische Berechtigung hat jede Religion, die mit dem Gesichtspunkt des Staates nicht in Widerspruch steht, also mit einer auf Gottesverehrung, Frömmigkeit und Sittlichkeit gerichteten Bildung, sowie mit der Autorität des Staates und mit dem gesellschaftlichen Ordnungsprincip. Die Befugniß hierüber zu urtheilen, die Entscheidung über das Ob und den Grad der Zulassung einer Religion als öffentlichen Instituts, sowie das Schutz= und Aufsichtsrecht kommt dem Staate zu, nicht aber der kirchliche Episkopat.

Die Stellung von Staat und Kirche zu einander.

Schon oben (S. 31 f.) haben wir gesehen, daß die beiderseitigen Aufgaben einander zwar nicht widersprechen, aber doch verschieden sind. Es findet dasselbe Verhältniß statt wie zwischen den beiden in Staat und Kirche vertretenen göttlichen Reichsprincipien, dem Gesetz und der Gnade (Evangelium), die auch einander nicht wesentlich widersprechen, aber auch nicht zusammenfallen. **Die Verschiedenheit liegt aber nicht allein in der Aufgabe, sondern auch in der Lösung.**

Der Staat ist Vertreter des göttlichen Gesetzesprincips gegen alle Zuwiderhandelnden, ist Pfleger und Hüter der Humanitätsentwicklung auf Erden gegen Unsittlichkeit und Irreligion, gegen Unkultur und Afterkultur, und hat für diesen Zweck über **die äußere Macht zu gebieten, und dies im Namen Gottes, kraft göttlicher Autorität.** Diese göttliche Sendung des Staates ist von aller Welt, und so auch von der Kirche zu achten. Die Kirche hat sie nicht anzutasten, sonst würde sie den Staat aus seinem göttlichen Recht und Besitzstand verdrängen, der ihm für diese Zeit, für die gegenwärtige Weltverfassung unantastbar zukommt. **Die Kirche ihrerseits ist Vertreterin des göttlichen Gnadenprincips zum Zweck der Heranbildung von Menschen für ein ewiges Geistesleben mittelst geistiger Kraft, mittelst des Amtes des Wortes und der Versöhnung**[1]). Sie hat zu wirken in Geisteskraft, im Namen Christi, und mit Christusautorität, also nur wo diese gilt, oder zur Geltung kommt. Zur Geltung aber will Christus seine Autorität lediglich durch Verkünden und Lehren gebracht haben [2]). Dies Alles fällt nun in **das Gebiet der Freiwilligkeit und des inneren Lebens, nicht in das der äußeren Autorität und des Rechtszwanges.** Mit dieser

---

[1]) $\delta\iota\alpha\kappa o\nu\iota\alpha$ $\lambda o\gamma o\upsilon$, $\kappa\alpha\tau\alpha\lambda\lambda\alpha\gamma\eta\varsigma$ Apostelgesch. 6, 4. 2 Kor. 5, 18.
[2]) $\kappa\eta\rho\upsilon\sigma\sigma\epsilon\iota\nu$ u. $\mu\alpha\vartheta\eta\tau\epsilon\upsilon\epsilon\iota\nu$ Mark. 16, 15. Matth. 28, 18 ff. ꝛc.

eigenthümlich kirchlichen Aufgabe hat also die Staatsgewalt und überhaupt die äußere Gewalt schlechterdings nichts zu schaffen. Niemand soll gezwungen werden, daß er Christi Autorität anerkennen müsse, daß er in den Himmel kommen, oder selig werden müsse. Ebensowenig darf auf der anderen Seite die Kirche dem Staat für sein Gebiet ins Schwert fallen [1]).

Also ihrem Wesen nach, für ihre beiderseitigen wesentlichen Aufgaben, und deren Lösung müssen Kirche und Staat auseinander gehalten werden, daß sie im Verhältnisse gegenseitiger Selbständigkeit und Unabhängigkeit stehen. Kein Theil kann die Mission des anderen Theiles durch die seinige aufheben, oder in sich aufnehmen und ersetzen. Schon die Symbole haben es bestimmt ausgesprochen, es dürfe nach göttlicher Ordnung geistliche und weltliche Gewalt nicht miteinander gemengt werden. Für das Christenthum als solches giebt es keinen Staatszwang, und umgekehrt für die im Wesen des Staats liegenden Gesetze und Strafen giebt es keinen geistlichen oder kirchlichen Dispens, und gilt nicht das christliche Freiwilligkeitsprincip.

Aber bei dieser Verschiedenheit haben Staat und Kirche doch einen gemeinsamen Boden (Volk), und gemeinsame Interessen und Berührungspunkte, die sie in gegenseitige Beziehung zu einander setzen, wie dies zwischen Gesetz und Gnade auch der Fall ist. Das Gemeinsame bilden eben die geistigen Interessen, namentlich die sittlichen und die religiösen. Diese, auch soweit sie unter das Staatsgesetz fallen, behalten für die Kirche Bedeutung. Die Staatspflege der Sittlichkeit

---

1) Vgl. Dr. J. T. Beck. Fünf Reden zur Stärkung des Glaubens. S. 91 ff. u. die Anm. auf S. 94.

und Religion, die **bürgerliche Sittlichkeit**, und die allgemeine Religiosität darf zwar keineswegs der christlichen Sittlichkeit und Religion, und der christlichen Pflege derselben gleichgestellt werden, ist aber darum für die christliche Kirche nicht werthlos, sondern hat den **Werth einer Zucht und Schranke gegen die Sünde, und ist so eine Vorschule, und ein Saatboden für das Christliche, für den höchsten Staatsverband, für den Gottesstaat**. Ebenso hat auf der anderen Seite für den Staat in seiner sittlich-religiösen Aufgabe die **Kirche den Werth, daß sie die innere Unmacht des Staates auf dem sittlich-religiösen Gebiete ergänzt**, daß sie das Gute gerade da pflanzt, wo der Staat zu wirken aufhört, und daß sie das Böse an der Wurzel faßt. Sie pflanzt Freiwilligkeit statt Zwang, und wirkt der Gefahr materialistischer Ausartung, die dem Staate so naheliegt, entgegen als Salz und Licht, d. h. als der Fäulniß wehrendes Element, und als befruchtendes, veredelndes Element. Es liegt also in den allgemein sittlichen und den allgemein religiösen Interessen der Einigungspunkt zwischen Kirche und Staat. In ihnen berührt sich die Spitze des Staates mit der Grundlage der Kirche. In Rücksicht der sittlich-religiösen Bildung können und sollen also **beide zusammenwirken als Träger einer göttlichen Mission, als Diener Gottes**. Sie sollen sich verbinden zu gemeinsamer Förderung gemeinsamer Interessen.

Aber aus dieser Gemeinsamkeit darf **keine Vermischung** ihrer Principien, ihrer Verfassung und ihres Handelns werden, denn jeder Theil hat seine besondere Aufgabe, und hat diese nebst der entsprechenden Methode im Auge zu behalten. Der Staat hat der Sittlichkeit und Religion die irdische Grundlage zu geben, die staatsbürgerliche polizeiliche Sicherung. Dies ist nicht Sache der Kirche. Der Staat hat namentlich nach der materiellen Seite dieser Welt Recht, Ordnung und Wohlstand zu gründen und zu fördern mit seinen eigenthümlichen selbständigen Mitteln. Die Kirche soll hierin nicht taglöhnern bei dem Staate; sie hat über Staatsmoral, Staatsreligion und Staatsrecht hinaus in der Welt ein überirdisches Ziel zu vertreten, eine Sittlichkeit und Religiosität zu gründen, die über Zeit und Welt hinausgeht, ein himmlisches Geistesleben als Grundlage einer neuen Welt- und Staatsordnung beim Untergang der alten. Mit dem blos staatsbürgerlichen Betriebe bürgerlicher Sittlichkeit und gesetzlicher Religiosität hat die Kirche ihre eigentliche Aufgabe noch nicht einmal angefangen; ja, wenn sie dabei stehen bleibt, wird sie ihrer eigenthümlichen göttlichen Sendung untreu. Auch bei dem gemeinsamen Wirken hat daher jeder Theil sich in Geist und Gränzen seiner besonderen Aufgabe zu halten, und auf die ihm eigenthümlichen Mittel zu beschränken. **Der Staat hat nicht in der Methode der Kirche zu wirken, und die Kirche muß ihrem Princip der Gnade, des inneren Lebens und der Freiwilligkeit treu bleiben.** Nur in diesem Sinne hat sie mit der Kraft des Wortes und Geistes ihrerseits bei den sogenannten causae mixtae (gemischten Angelegenheiten) mitzuwirken, nicht aber im Zwangssinne als geistlicher Büttel. Vollends das eigenthümlich Religiöse der Kirche, das eigentlich Christliche darf in keiner Hinsicht unter das Staatsprincip oder unter das gemeinschaftliche Wirken, unter die causae mixtae fallen.

Fragen wir, wie nun hienach die Stellung von Staat und Kirche zu einander sich im wirklichen Leben zu gestalten habe?

Ueber dem Staate kann und soll die Kirche in gewissem Sinne allerdings stehen, nämlich in geistigem Sinne als Vertreterin des höchsten Gottesbegriffs, des ewigen Welt- und Lebensbegriffes, des Geistes der Weltvollendung. Alles hiezu Gehörige ist aber für jetzt das Höchste nur dem geistigen Werthe nach, nicht der äußeren Weltstellung nach, es will sich in dieser Welt und Zeit erst geistig vollziehen, macht noch keine politischen[1]), noch sonstige Weltansprüche. Unter dem Staate kann und soll die Kirche und das Kirchliche ebenfalls in gewissem Sinne stehen, nämlich in äußerlich weltlicher und politischer Beziehung, sofern dem Staate als dem Vertreter des göttlichen Gesetzes für dieses Zeit- und Weltleben die oberhoheitliche Stellung zukommt[2]). Diese Unterwürfigkeit erstreckt sich auf Seiten der Kirche sogar bis zum Leiden, zum Unrechtleiden. Eine passive Stellung gebührt der Kirche gegenüber der aktiv herrschenden des Staates, keine Mitherrschaft. Das Mitherrschen kommt erst mit Christus und seinem Staate, aber nur für diejenige Kirche (Gemeinde), die hier mit ihm Verläugnung geübt, und gelitten hat. Endlich mit dem Staate kann und darf die Kirche nur gehen bezüglich der gemeinsamen Interessen der allgemeinen Religiosität und Sittlichkeit, und zwar ohne ihr Princip der Gnade und ihre Methode des Geistes und der Freiwilligkeit zu verläugnen. Unabhängig

---

1) Phil. 3, 20: Unser πολιτευμα ist im Himmel.
2) Matth. 20, 25. Röm. 13, 1: ἐξουσια ὑπερεχουσα; in politischer Beziehung ist πασα ψυχη, also auch die Kirche dem Staate unterworfen.

aber vom Staate und in keiner Weise mit ihm vermischt, weder durch Ueber= noch durch Unterordnung muß sich die Kirche halten hinsichtlich ihrer eigenthümlich christlichen Auf= gaben und eigenthümlich geistigen Angelegenheiten, weil diese rein im Princip der Gnade und des freiwilligen Glaubens beruhen. Die eigentlichen Kirchenangelegenheiten dürfen also nicht staatsmäßig, nicht bureaukratisch behandelt werden. Sie sprechen keine politische Herrschaft an, und lassen ebensowenig eine politische Knechtschaft zu. Giebt die Kirche diese Selb= ständigkeit in der einen oder anderen Weise auf, so stößt sie sich ihre Krone vom Haupte, sie giebt ihre göttliche Sendung und sich selbst auf. Will dagegen der Staat diese Selb= ständigkeit aufheben, so setzt er sich, wie zur ersten Zeit des Christenthums, erfolglos und zu seinem eigenen Verderben der höchsten göttlichen Sendung entgegen, für welche die seinige nur eine untergeordnete vorbereitende Bedeutung hat, wie das Gesetz. Die Kirche aber hat ihm gegenüber die Unabhängigkeit ihrer geistlichen Angelegenheiten zu behaupten, jedoch nur mit geistlichen Mitteln, durch moralischen Wider= stand, sie darf nicht Krieg führen, und noch weniger Revo= lution machen.

Stellt man aber öfters den Grundsatz auf, das Christen= thum bedürfe, um Kirche zu sein, des Staates, so liegen hier zwei falsche Voraussetzungen zu Grunde. Einmal bringt man schon den falschen Begriff von poli= tischer Kirche mit, einen Begriff, welchen die Schrift inner= halb des Christenthums nicht kennt, und den sie durch ihre Ausschließung aller fleischlichen und weltlichen Macht vom Glaubens= und Gemeindeboden zurückweist, wie denn auch das Christenthum in seinen blühendsten Zeiten Begriff und

Sache entbehrt, und die Entstehung des politischen Kirchen=
begriffes zusammentrifft mit dem Sinken des Christenthums.
Die zweite falsche Voraussetzung ist die, daß man den
Staat verwechselt mit den allgemein geistigen und materiellen
Existenzmitteln, deren Christenthum und Kirche allerdings
bedürfen, sofern sie der Welt und Gesellschaft sich einge=
stalten. Diese Existenzmittel hat sich aber das Christenthum
von Anfang an selbst geschaffen ohne den Staat, ja gegen
seinen Willen, und es schafft sie sich noch in den sogenannten
Secten. Wort und Geist des Christenthums, sein Zeugniß
bildet und öffnet die Herzen zu freiwilligen Opfern, und
diese gemeinschaftstiftende Kraft seines Zeugnisses weiß das
Christenthum verbunden mit der Alles bestimmenden Macht
seines Staatsoberhauptes, der schon in den Zeiten seines
Erdenlebens die Frage stellte, habt ihr auch je Mangel ge=
habt? der eine Macht besitzt, welche ihm die ganze Welt,
Staat und Nichtstaat als Feld seiner Einwirkung offenstellt.
An ihn hält sich das Christenthum für seine Stellung in
der Welt als an den, der die Thüren öffnet und zuschließt,
und es ist dabei an keine andere Empfehlung, Unterstützung
und Autorität gewiesen, als an diejenige, die in seinem
eigenen Wesen, in den dasselbe erfordernden Bedürfnissen
der Menschheit, und in der freiwilligen Aufnahme liegt. Das
Christenthum hat alle früher bestandenen Staaten überlebt,
und ist älter als alle jetzt bestehenden. Und so haben auch
nur aus seinem Geist und Wort die allgemein=menschlichen
Anstalten, also die Anstalten der Humanität mit ihren gei=
stigen Hülfsmitteln hervorgetrieben, und ihre Existenzmittel
erhalten, keineswegs aus dem blos politischen Geist, oder
politischen Mechanismus. Was aber die falsche Wissenschaft

anbelangt, und die aus der Welt zu schöpfende Weisheit, so erkennt solche das evangelische Christenthum weder als kirchliches Bedürfniß, noch als kirchliche Aufgabe an. Also ein vermeintliches Bedürfniß darf nimmermehr das Christenthum und die Kirche zu einer Staatsallianz treiben, zu einer Verbindung, die weiter gienge, als es in dem göttlichen Ordnungsbegriff liegt, welcher Staat und Kirche miteinander in selbständiger Weise verbindet.

Sofern nun die Staatskirchen, politischen Kirchen bereits existiren, können und dürfen dieselben allerdings nicht als christliche Kirchen im wahren Sinne auftreten und gelten, wie schon Luther erkannt hat. Denn es fehlt ihnen an einer evangelischen Aemterbestellung, Gottesdienst-Ordnung, an evangelischer Glaubensgemeinschaft, und Kirchenzucht. Und es muß ihnen ihrem Begriffe nach daran fehlen, weil es eben an dem Fundamente zu dem Allem fehlt, ohne welches diese Dinge, wenn sie auch der apostolischen Kirche nachgemacht würden, tödtende Form und leerer Schein, d. h. Heuchelei sind. Es fehlt nämlich daran, daß die politische Kirche eine freie Verbindung von Gläubigen wäre, oder sein könnte. Aber darum dürfen die Staatskirchen nicht schlechthin verdammt, und der Auflösung entgegengeführt werden. Es bleibt ihnen immer das, daß sie in unseren gesellschaftlichen Zuständen die Zugänglichkeit des Christenthums für Alle vermitteln, und daß sie die einzigen Träger und Organe sind für das dem Staate und der menschlichen Gesellschaft überhaupt unentbehrliche religiöse Element, und für die sittliche Zucht. Sie sind, soweit und so lange sie dem Wort und Dienst Gottes und Jesu Christi zugethan sind, oder zugänglich bleiben, der dem Herrn angehörige Weltboden, an dessen Zerstörung die Jünger des Herrn nicht selber Hand anlegen sollen, dem sie ihr Salz und Licht nicht entziehen, freilich aber noch weniger zum Opfer bringen dürfen. **Mit dem Fall der politischen Kirchen fallen unsere Gesellschaften, unsere Staaten und Gemeinden selbst**, da dieselben in ihrer ganzen geschichtlichen Gewordenheit in die Verbindung mit der Kirche verwoben sind. Dies unterscheidet unsere Verhältnisse von den nordamerikanischen. Unsere Volksmassen und Staatsmaschinen, wie sie sind, haben keinen anderen religiös-sittlichen Ersatz, und können sich einen solchen nicht von vorne an schaffen. Die Staatskirchen sind vom christlichen Standpunkt aus nur in ihre Gränzen zu weisen, und in ihren Ueberschreitungen zu bekämpfen, daß sie sich nicht herausnehmen, so wie sie sind, das Christliche nach seinem specifischen Wesen darzustellen, während sie doch nur Schattenriß und Vorbereitung sind ähnlich der alttestamentlichen Staatskirche, die übrigens als von Gott selbstgestiftete Theokratie für anderweitige menschliche Surrogate ein göttliches Recht nicht darbietet. Die Staatskirchen dürfen also das Christenthum selbst nicht in ihre Formen eingränzen und bannen, oder es mit denselben zusammenwerfen[1], sondern sie müssen der selbständigen Entfaltung und Bethätigung der urchristlichen Eigenthümlichkeit ehrerbietig Raum lassen, wobei der apostolische Grundsatz[2] zur Berücksichtigung kommt: „dem Gerechten liegt kein Gesetz ob."

---

1) Ersteres ist ein unchristlicher Despotismus, letzteres führt zur Heuchelei.
2) 1 Tim. 1, 9.

Der Pfarrer aber, der auf solchem kirchlichen Boden steht, muß, um eine richtige Stellung einzunehmen, vor Allem festhalten, daß unser Pfarramt nicht blos der speciellen Gemeinde Christi angehört, sondern dem gemischten Welt= acker Christi. Da sind nun drei Hauptelemente ineinander geschlungen, welche für sich einander nicht widersprechen, aber gehörig zusammen zu ordnen sind als Bestandtheile des einen göttlichen Reichsgebietes.

Vermöge der bestehenden Verbindung der Kirche mit dem Staate, besonders in den gemisch= ten Angelegenheiten, Ehe= und Schulsachen ꝛc., hat das Pfarramt das göttliche Amt des Staates nach der in= neren Seite zu vertreten. Es hat also die geistigen und sittlichen Elemente des obrigkeitlichen Amtes, die geistigen Humanitätsinteressen, die öffentliche Moral und Religiosität zu pflegen, aber auch dieses nur mit der Macht des Wortes und Geistes, und nur mit pädagogischer Zucht. Sonst setzt sich das geistliche Amt in Widerspruch mit seinem vom weltlichen Amt wesentlich unterschiedenen Grundcharakter, ist und wird ein Zwitter, ist weder geistlich, noch weltlich.

Auf dem kirchlichen Boden selbst hat unser Pfarr= amt vermöge des fleischlichen Zustandes der Masse der Gebildeten und Ungebildeten des göttlichen Gesetzes= und Prophetenamtes zu warten. Es hat das alte Testament zu handhaben, nicht in seiner theokratischen Aeußer= lichkeit, sondern in seiner theokratischen Innerlichkeit als Zuchtamt wider die Sünde, und als Vorbereitung aufs Christliche, dessen Gut und Himmelreich für Alle als Ziel= punkt in Verheißung und Vorbild zu zeigen ist.

Damit verbindet sich aber das eigentliche neu=

testamentliche Evangelistenamt, Lehr- und Hirtenamt. Hiebei gilt es zunächst auf dem allgemeinen Boden Jünger zu werben und heranzubilden nach der Methode des Herrn, wie sie in den Evangelien zu Tag tritt. Und sind wahrhaft Gläubige schon vorhanden, oder sind solche herangebildet, so sind sie zu weiden und zu leiten nach der apostolischen Methode, wie sie in den Briefen sich zeigt [1]).

---

1) Vgl. Dr. J. T. Beck: Gedanken aus und nach der Schrift. S. 36, 44 f. und zweites Stück der christlichen Sittenlehre (Basel) am Schluß.

Anhang

aus dem (im Buchhandel vergriffenen) zweiten Stück der christlichen Sittenlehre zu Seite 52, Anmerk. 1.

Wie sehr das Bild der äußern Kirchen von dem biblischen Vorbild in vielfacher Beziehung absteht, darf ich nicht erst sagen [1]). Was wollen wir denn thun? unsere Kirchengemeinschaft aufgeben? das nicht; denn bei allen Schäden und Fehlern baut sie auf den Grund, der gelegt ist, und läßt Freiheit, darauf zu bauen, und zwar schriftmäßig darauf zu bauen. So lange dies bleibt, der Grund, wie er schriftmäßig in Christo gelegt ist, und die Freiheit, schriftmäßig darauf weiter bauen zu dürfen; so lange haben auch wir bei der Kirche zu bleiben, der wir angehören, und sie nicht zu verwerfen; wird aber da oder dort durch die Herrschaft des Unglaubens auf einer Kanzel, in Schule und im Leben, die Grundlage angegriffen, und die Freiheit schriftmäßiger Erbauung darauf gebunden, so mag gelten: „gehet hinaus aus demselbigen Hause oder Stadt", aber nicht: „gehet hinaus aus der Gemeinde, aus der ganzen Kirche."

Eine andere Frage aber ist: dürfen wir darum, weil das Verderben noch nicht in den Grund gedrungen ist und die Freiheit schriftmäßiger Erbauung bleibt, dürfen wir deßhalb auch das, was dem schriftmäßigen Bild einer christlichen Gemeinde zuwider ist, was von Menschen über dem gelegten Grunde Fremdartiges aufgebaut wird, decken und beschönigen,

---

1) Vergleiche Speners pia Desideria, oder herzliches Verlangen nach gottgefälliger Besserung der wahren evangelischen Kirche, neu herausgegeben. Leipzig 1841.

stützen und fördern? Keineswegs; so würden wir Menschen mehr gehorchen, als Gott. Jeder in seinem Theil hat zuzusehen, sich nicht der eigenen oder fremden Sünde theilhaftig zu machen, daß der gute, feste Grund Gottes, der Glaube an Jesum Christum mißbraucht wird zur Einführung und Befestigung von unnützem und vergänglichem Menschenwesen, oder daß gar geistverderbliche Dinge aufkommen, und unchristliches Wesen die Rechte kirchlichen Ansehens an sich reiße. Darin besteht eben das treue Festhalten an der Kirchengemeinschaft, daß Jeder, wie er kann, in seinem Beruf und Amt gegen unchristliche, geistverderbliche und unnütze Dinge, ohne Menschenfurcht und Menschengefälligkeit, mit den Waffen der Wahrheit und Gerechtigkeit im Namen Gottes streite: am entschiedensten und schonungslosesten aber haben wir da aufzutreten, wo Irrthum, Falschheit und Heuchelei im Scheine der Gottseligkeit ohne ihre Kraft uns entgegentritt.

Aber wir haben ja doch nicht blos als Streiter unserer Kirche zu dienen, wenn sie uns noch lieb und werth ist, sondern auch als Genossen — mit wem und mit was dürfen und können wir, auch in verdorbenen Kirchenzeiten, noch christliche Genossenschaft halten? Mit was? Antwort: mit Allem, was wahrhaft nach dem Glauben geht, geistlich und christlich ist. So viel des Falschen in dieser Beziehung überall auftaucht, gegen das wir streiten müssen, so fehlt es doch auch am Aechten nicht, mit dem wir herzliche Gemeinschaft halten könnten; obgleich hier immer das alte Verhältniß bleibt, wie es die Schrift in mancherlei Weise ausspricht: des Aechten ist das Wenigste, des Falschen das Meiste; daher wir zum voraus darauf müssen gefaßt bleiben, daß wir nicht an Vieles

uns hängen dürfen und können, sondern an Weniges; dieses
Wenige hat aber dafür einen desto größern innern Segen,
und für dies Wenige sollen und können wir denn auch desto
mehr thun, indem wir Zeit und Kraft nicht zersplittern in
das Vielerlei.

Dasselbe gilt als Antwort auf die Frage: mit wem
sollen und können wir christliche Genossenschaft halten? Schon
im Allgemeinen haben wir Alle, die aus der Wahrheit sind,
redliche gewissenhafte Seelen aus allerlei Volk als Solche
aufzunehmen, die, wenn sie auch noch nicht im Herrn selbst
sind, doch zu denen gehören, welche Er in seine Gottes Familie noch zusammenzubringen gesonnen und weise genug ist,
ihnen dazu behilflich zu sein, aus ihren Banden des Irr-
thums sie zu lösen, zur Erkenntniß der Wahrheit sie zu bringen,
— darin besteht unsere christliche Genossenschaft mit ihnen.
Bei welchen aber das Wort Gottes schon in Geist und Kraft
Eingang gefunden, und Christus Gestalt gewonnen hat: die
dürfen und sollen wir als Brüder halten, ohne durch äußern
Unterschied uns scheiden zu lassen, daß wir ihnen geben und
von ihnen nehmen, was dient zur christlichen Förderung, zur
Erleuchtung, Heiligung und Tröstung. Der Auserwählten
sind wieder Wenige, und wollen wir mehr daraus machen,
so betrügen wir uns nur, die Sache selbst ändern wir nicht.
Neben dem nun, daß wir mit Allen, welche in der Wahrheit
des Evangeliums wandeln, als mit Auserwählten, mit allen
redlichen Seelen, die aus der Wahrheit sind, als mit Berufenen oder dem Reiche Gottes Nahestehenden umgehen —
neben dem haben wir als echte Jünger Christi die Pflichten
der allgemeinen Menschenliebe gegen Freund und Feind, gegen
Böse und Gute, Gläubige und Ungläubige zu halten und

zu üben. Uebrigens bei aller Befliſſenheit, chriſtliche Gemeinſchaft zu halten, ſoll es zu keinem Rennen darnach kommen, bei aller Vorſicht zu keiner ängſtlichen Abſonderung: man nimmt's, wie es kommt und wie man kann, und braucht es, wie man ſoll und darf, zum Guten.

In dieſen Schranken jedoch wird unſer Weg durch dieſe Welt immerhin ein ſchmaler ſein und bleiben; wir werden für Narren und für Widerwärtige, für Sonderlinge und Unzufriedene, oft für hart und ungefällig, finſter und lieblos angeſehen werden von manchen Seiten; unſer Anhang, unſere Bekanntſchaften, Brüderſchaften und Verbindungen werden der Kopfzahl, dem Anſehen, dem Ruf und Namen nach ſchmal zuſammengehen. Forſche aber Jeder nach da, wo das Licht der Wahrheit ſeinen hellen Schein gibt, ob es auf dem Weg, der in der Schrift Weg Gottes, bei den Menſchen aber eine Secte oder gar ein Sonderlings-Weg heißt, von Anfang an anders geweſen iſt, und in d i e ſ e r Weltverfaſſung je anders werden ſoll? Lerne Jeder verſtehen, was es heißet: die gottſelig l e b e n wollen, denen Gottſeligkeit Lebens-Ernſt und Lebens-Sache iſt, nicht bloße Kopf-, Gefühls- und Form-Sache, ſie müſſen Verfolgung leiden; lerne aber auch Jeder, wenn er auf dem Weg, auf dem er nur Wenige um ihn her wandeln ſieht, zagen will, lerne er aufſehen zu der Stadt des lebendigen Gottes, zu dem himmliſchen Jeruſalem und zu der Menge vieler tauſend Engel, und zu der Gemeine der Erſtgeborenen, die im Himmel angeſchrieben ſind, und zu Gott dem Richter über Alle, und zu den Geiſtern der vollendeten Gerechten, und zu Jeſus Chriſtus, dem Anfänger und Vollender des Glaubens.

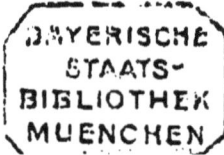